Jacob Matthias Schleiden

**Schellings und Hegels
Verhältnis zur Naturwissenschaft**
Zum Verhältnis der physikalistischen
Naturwissenschaft zur spekulativen Naturphilosophie

SE\/ERUS

Schleiden, Jacob Matthias: Schellings und Hegels Verhältnis zur Naturwissenschaft. Zum Verhältnis der physikalistischen Naturwissenschaft zur spekulativen Naturphilosophie
Hamburg, SEVERUS Verlag 2012
Nachdruck der Ausgabe von 1844

ISBN: 978-3-86347-298-6
Druck: SEVERUS Verlag, Hamburg, 2012

Der SEVERUS Verlag ist ein Imprint der Diplomica Verlag GmbH.

Bibliografische Information der Deutschen Nationalbibliothek:
Die Deutsche Nationalbibliothek verzeichnet diese Publikation in der Deutschen Nationalbibliografie; detaillierte bibliografische Daten sind im Internet über http://dnb.d-nb.de abrufbar.

© **SEVERUS Verlag**
http://www.severus-verlag.de, Hamburg 2012
Printed in Germany
Alle Rechte vorbehalten.

Der SEVERUS Verlag übernimmt keine juristische Verantwortung oder irgendeine Haftung für evtl. fehlerhafte Angaben und deren Folgen.

SEVERUS

Schelling's und Hegel's

Verhältniss

zur

Naturwissenschaft.

(Als Antwort auf die Angriffe des Herrn Nees von Esenbeck in der
Neuen Jenaer Lit.-Zeitung, Mai 1843, insbesondere für die
Leser dieser Zeitschrift.)

Von

M. J. Schleiden,

beider Rechte, der Philosophie und Medicin Doctor, ausserordentlichem
Professor zu Jena.

Leipzig,
Verlag von Wilh. Engelmann.

1844.

Den deutschen

Astronomen, Mathematikern und Physikern

widmet diese Blätter

hochachtungsvoll

der Verfasser.

Vorrede.

Ueber Veranlassung und Zweck dieser Schrift habe ich mich in ihr selbst zur Genüge ausgesprochen. Die Form betreffend habe ich mich bemüht die Achtung vor dem Publicum nie aus den Augen zu verlieren; eins nur will ich denen, die urtheilen wollen, zu bedenken geben. Wenn ein Mann mit prätendirter Philosophie zu entwickeln sucht, dass $2 \times 2 = 5$ sey, so mag der Kritiker sich anstellen wie er will, der Mann wird immer als Gegenstand des Mitleids oder des moralischen Unwillens dastehen. — Für den einigermassen mathematisch gebildeten*) Physiker steht aber z. B. die Behauptung von 4 Polen an der Erde ganz mit der, dass $2 \times 2 = 5$ sey, auf gleicher Stufe, indem dabei nicht ein bedeutender Umfang von Kennt-

---

*) Nicht gelehrten, denn es lässt sich ein grosser analytischer Rechenkünstler denken und auch wohl in der Wirklichkeit finden, der gleichwohl mathematisch ungebildet ist.

nissen, nicht eine besondere Schärfe und Uebung des Denkvermögens, sondern einfach klare und gesunde Anschauung erfordert wird; der Unterschied ist nur der, dass die Elemente der physischen Geographie, der Physik, der Stereometrie und Astronomie nicht eben so verbreitet und populär sind als das Einmaleins. Wenn nun aber durch die Aufdeckung solcher Missgriffe der Beurtheilte in lächerlichem Lichte erscheint, so liegt die Schuld lediglich an ihm, nicht am Beurtheiler. Endlich Herrn *Nees* betreffend habe ich mich bemüht das *jus talionis* im kleinsten Umfange auszuüben und nur die milderen Ausdrücke seiner sogenannten Recension, da wo Thatsachen mich dazu berechtigten, ihm zurückzugeben. Im Uebrigen mag das Büchlein für sich selbst reden.

Jena, Dec. 1843.

M. J. Schleiden.

Ueber den ersten Band meiner „Grundzüge der wissenschaftlichen Botanik" erschien eine Beurtheilung von Herrn *Nees v. Esenbeck* in der neuen Jenaer Lit.-Zeitung, die so offen den Charakter der Feindseligkeit und des bösen Willens an der Stirn trägt, dass ich eigentlich dieselbe keiner Antwort würdigen wollte, da der ganze Streit sich doch um nichts Bedeutendes wenden könnte, weil Herr *Nees v. Esenbeck* auf die Hauptsache sich nirgends eingelassen hat. Die Recension umfasst 27 Spalten, davon sind die ersten 4 Spalten Invectiven und allgemeine Redensarten, auf die sich nichts erwiedern lässt, als dass es gar leicht ist, Alles zu verdrehen, was man will; 4 Spalten beschäftigen sich mit 3 kurzen Anmerkungen meines Buches, 4 Spalten enthalten eine glänzende Parade von *Nees v. Esenbeck's* Logik bei Gelegenheit e i n e s logischen Beispiels aus meinem Buche, 1 Spalte enthält eine höchst unglückliche Vertheidigung zweier Tafeln in *N. v. E. genera plantarum*, 10 Spalten geben als Inhaltsübersicht meine Capitel- und Paragraphenüberschriften, und als eigentliche Kritik bleiben nun noch etwa 4 Spalten, die als kleine, ohne weitere Begründung verwerfende Urtheile zwischen die Inhaltsanzeige vertheilt sind.

Es bedürfte kaum mehr, als einer solchen Rubricirung, um zu zeigen, dass von Gründlichkeit und Wissenschaftlichkeit hier nicht die Rede seyn kann. Meine Freunde meinen aber, ich müsse darauf antworten, und ich habe mich ihrem Wunsche gefügt, weil ich mir dadurch die zweite Auflage meines Buchs von mancher unangenehmen Gegenrede sauber halten kann.

In meinem Buche (S. 54) kommt folgende Anmerkung vor: „Fast möchte ich hier eines (wie die späteren tüchtigen Arbeiten des Verfassers zeigen gewiss zu dessen eigner Befriedigung)*) längst verschollenen Handbuches der Botanik erwähnen, in welchem die Verkehrtheiten der noch jugendlichen Schelling'schen Schule am schärfsten sich zeigen etc."
— z. B. „„Die Pflanze repräsentirt die ganze Längenaxe der Erde, sie zerfällt also als Ganzes in zwei Pole. 1) Der eine Pol ist der Pilzpol, Nordpol, der der Erde zugerichtet ist... 2) Der zweite geht nach oben und ist der eigentliche Südpol der Erde in organischer Besonderheit. Die Pflanze wächst fort, indem sie aus der Blüthe ideale Wurzeln treibt (Geschlechtstheile). Man begreift, so lange man die organische Reihe nur nach einer einfachen Entgegensetzung auffasst und beurtheilt, unter dem Namen des Pflanzenreichs Pilze und Pflanzen, unter dem Namen des Thierreichs Thiere und Menschen. Zus. 1. Es ist dies der Urgegensatz der Längen- und Breitenaxe der Erde. (Vorher war schon von der Vollständigkeit der 4 Erdpole die Rede.) Bei der Blüthenbildung hat sich das peripherische Leben der Pflanze erschöpft und die hydrogenisirende Totalfunction der Blätter durch die gesonderte Darstellung der drei Blattelemente der untern, der obern Fläche und des Blattgerüstes aus einer blossen Bindung des Wasserstoffs (!)

$= n\ W + (n\ C + m\ S)$ in einen positiven
$n = W + (m\ C + n\ C)$ oder in ein reines
$+ W\ (+ E)$ aufgelöst u. s. w. Ein Verhältniss, in welchem zwei Körper bei innerer chemischer Gleichheit einen vollendeten Gegensatz ausdrücken, der seinen Grund nicht

---

*) Als ich jene Anmerkung niederschrieb, kannte ich Herrn *Nees's* System der Naturphilosophie noch nicht und in der festen Ueberzeugung, dass Niemand auf jenes längst vergessene Buch verfallen würde, verschwieg ich aus Schonung den Namen des Verfassers. — Jetzt ist natürlich eine solche Schonung nicht mehr an ihrem Platze.

mehr in der chemischen Mischung als solcher, sondern in der Entzweiung des Ursprungs (!) der beiden Körper hat, heisst organisch, und wenn die Vollständigkeit der Factoren des Planeten (!) polar in diese Körper eingeht, geschlechtig!!!""

Diese Sätze sind aus *N. v. Esenbeck's* Handbuch der Botanik wörtlich abgeschrieben, daraus mag sich der Ton der Antikritik erklären, darauf beziehen sich die Worte derselben (Spalte 2): „dass es Schriftsteller giebt, deren Werke so rein toll sind, dass man nur einige Zeilen, etwa den Schluss einer Combinationsreihe, oder ein Paar Sätze aus einer philosophischen Betrachtung, die Herr *Schleiden* nicht verstehen kann*) noch will, abdrucken lassen darf, um den Verfasser förmlich an den Pranger zu stellen." Inwiefern Herr *N. v. E.* hier richtig schildert, kann Jeder nach dem Mitgetheilten selber beurtheilen und nach eigner Ansicht entscheiden, ob das Philosophie, oder phantastisches Gerede in völlig unverständlicher Sprache sey.

Ich habe oben der Recension das Prädicat der Feindseligkeit und des bösen Willens beigelegt, das will ich hier noch rechtfertigen. Ich habe in meiner methodologischen Einleitung ausdrücklich für meine Betrachtungen den Standpunkt der Fries'schen Philosophie vorausgesetzt (S. 6). Eine gerechte Kritik konnte also nur fragen, ist Fries'sche Philosophie hier richtig verstanden und richtig angewendet? Der Beantwortung dieser Frage war aber Herr *N. v. E.* nicht gewachsen. Beiläufig will ich nur erwähnen, dass ich die ganze methodologische Einleitung mit unserm *Fries* Satz für Satz durchsprochen, also wenigstens sicher dem Wesentlichen nach in seinem Sinne gearbeitet habe. Mängel der Form kommen auf meine Rechnung. Eine gerechte Kritik konnte aber auch zweitens meine Grundlage angreifen, d. h. den Kampf gegen die Fries'sche Philosophie beginnen. Dazu, glaube ich, ist Herr *N. v. E.* noch weniger berufen. Beides aber ist überall nicht geschehen. Der Rec. beurtheilt alle meine Ansichten, ohne auf ihre Grund-

---

*) Das ist allerdings wahr und das „noch will" daher überflüssig.

lage einzugehen, von seinem Standpunkte aus; die von mir gebrauchten Ausdrücke, die im Kantisch-Fries'schen Sprachgebrauch eine bestimmte Geltung haben, nimmt er überall ohne Weiteres in dem theils unbestimmten, theils nach unserm Dafürhalten **falschen** Sinne der Schelling'schen Naturphilosophie und bringt so in meine richtig verstanden auch richtigen Sätze natürlich Unsinn hinein. Das aber ist gewiss das Verfahren eines Rec., der gar nicht den Willen hat, dem Verfasser Gerechtigkeit widerfahren zu lassen. Einige weitere specielle Data werden noch besser dazu dienen, den Mann zu charakterisiren, der meine Anforderungen an strenge Redlichkeit in der Wissenschaft, welche leider durch den gegenwärtig in die Wissenschaft eindringenden bösen Geist gerechtfertigt werden[*]), ein „schwarzgalliges Capitel" nennt.

Seite 481 der Recension heisst es: „Ein anderer als der Verfasser, — einer der sich mit dem Speciellen des Grassystems ein wenig bekannt gemacht, wird in den ihm so dunkeln Parallelstellen aus *Kunth* und *Nees v. Esenbeck* über *Secale* (nicht *Secale cereale*) nicht die geringste Undeutlichkeit oder gar Dunkelheit finden."

Ob Herr Recensent wohl deutsch lesen kann? Ich sage in meinem Handbuche: unsere jetzige botanische Terminologie liegt sehr im Argen, statt neue Thatsachen vorzubringen, machen die Leute neue Worte, so haben wir für die einfachsten Sachen viele Kunstausdrücke, jeder hat seine eigne Sprache und man muss seine Zeit daran vergeuden, dass man bei jedem einzelnen Schriftsteller eine neue Sprache zu erlernen hat. Dafür citirte ich in einer Note

Secale cereale { *Spica simplex, rhachi inarticulata Kunth,*
{ *Spica composita, rhachi articulata N. v. Esenbeck.*

---

[*]) Ich ersuche meine Leser das, was ich in Folgendem gegen Herrn *Nees* sagen musste, mit der Erklärung zusammenzuhalten, welche *Mohl* (Botanische Zeitung d. 1sten Dec. 1843) gegen *J. H. Schultz* abzugeben sich gezwungen sah, um den Charakter der Schulen an zwei glänzenden Beispielen kennen zu lernen. Anmaassung verbindet sich mit materieller Oberflächlichkeit und Unwissenheit. Macht ein Tüchtiger darauf aufmerksam, so sind den Herren alle Mittel recht, um sich des Gegners zu entledigen.

Von Dunkelheit ist hier gar nicht die Rede gewesen. Dass *Spica* bei *Kunth* etwas anderes bedeutet als bei *Nees*, weiss ich so gut wie der Herr Recensent, denn gerade, dass es etwas anderes bedeutet, habe ich getadelt. —

Der Rec. fährt fort: „*Kunth* sagt *spica simplex*, weil... *Nees v. Esenbeck spica composita*, weil.... Ferner

„*Kunth* sagt a. a. O.: *rhachi interdum articulata**), was Herr *Schl.* durch eine wunderliche Art von Krasis *inarticulata* schreibt, und *N. v. E.* setzt schlechthin *articulata*, weil es sich so ziemlich (eine schöne Wissenschaft, die sich mit einem „so ziemlich passen" beruhigt) auf alle Species von *Secale* anwenden lässt. — Ueber dergleichen kann doch wohl nur Derjenige Lärm schlagen, dem man zutrauen dürfte, dass er absichtlich jenen Schreibfehler gemacht habe."

Hier ändert der Rec. meine Worte „*Secale cereale*" (die Art) in *Secale* (das Geschlecht) ab, zeiht mich dann der wirklichen grossartigen Albernheit, dass ich *Kunth's* Worte: *rhachi interdum articulata* in *rhachi inarticulata* zusammengezogen, und schliesst dann später mit dem hämischen Ausfall: „Ueber dergleichen" etc. Dass der Rec. nicht berechtigt ist, meine Worte *Secale cereale* ganz willkürlich in *Secale* umzuändern, versteht sich von selbst; weshalb er es aber gethan, wird Jeder leicht ermessen, wenn er bei *Secale cereale* (in *Kunth Agrostographie Suppl.* S. 365) liest: „*rhachi inarticulata*", während bei *Secale* „*rhachi interdum articulata*" steht**).

S. 490 Sp. 2 wird meine Aeusserung über zwei Tafeln aus *N. v. E. Genera pl. fl. germ.* vorgenommen, von denen

---

*) Das „a. a. O." ist eine offenbare Lüge. Ich habe eine bestimmte Stelle aus *Kunth's* Agrostographie gar nicht citirt, weil ich nicht voraussetzen konnte, dass irgend ein Leser so einfältig sei, um in *Kunth's* Agrostographie, die ein vortreffliches Register hat, die nur einmal vorkommende Beschreibung von *Secale cereale* nicht ohne genaueres Citat finden zu können.

**) Die Tafel bei *Nees v. Esenbeck* stellt *Secale cereale* dar und die Worte der generischen Definition *rhachi articulata* gelten natürlich am sichersten für die Art, die als Beispiel gewählt ist.

ich bemerkt, dass sie eine „wissentliche Unwahrheit" enthalten. Der Rec. sagt (S. 481 Sp. 2):

„Die Tafeln waren gezeichnet, auch wohl lithographirt, als der Autor den Text dazu schrieb. Auf diesen standen Ansichten der Fruchttheile **verkehrt — das ist der Gegenstand der Rüge.**"

Da Rec. die Tafeln im Werke seines Bruders doch gewiss genau kennt, so kann er sich dem Vorwurfe nicht entziehen, dass er, auf die Unkunde der Leser rechnend, hier **wissentlich falsch** referirt. An dieses wissentlich falsche Referat knüpft er nachher die Folgerung, dass ich „ein durch Böswilligkeit mich verdächtigender Beobachter" sey, und macht sich also einer Handlung schuldig, die ich hier nicht bezeichnen mag. Mögen die Leser darüber selbst urtheilen, die Sache ist folgende. Ich habe zunächst den **Text und seinen Verfasser gar nicht** genannt, sondern ausdrücklich **nur** die Abbildungen angeführt. Einen Widerspruch zwischen Tafel und Text, wie der Rec. die Leser glauben machen will, habe ich **nicht** gerügt, auch ist ein solcher gar nicht vorhanden.

Die Frucht von *Ceratophyllum* ist ¼ Zoll gross; unter einer dünnen Schale liegt die fast eben so grosse Keimpflanze und zwar so, dass ihr spitzes Würzelchen nach Unten, ihre grossen deutlichen Blätter aber der Spitze der Frucht zugekehrt sind, welche Spitze durch den ¼ Zoll langen Stachel kenntlich gemacht wird. Um das Alles völlig deutlich zu sehen, bedarf es begreiflicher Weise nicht einmal einer einfachen Loupe. Die einzigen frühern wirklichen Beobachter, *Richard*, *Gärtner* und *A. Brongniart*, geben diese Lage vollkommen „richtig" an*). Nun zeichnete der Verfasser der Tafel, ohne eine Frucht selbst anzusehen, ohne die classischen und ausschliesslichen Autoritäten für Frucht- und Saamenanalysen nur nachzuschla-

---

*) Hiermit stimmen die bessern Beschreiber, z. B. *De Candolle* (*Flore franç.*), *A. de Jussieu* (*Dict. class.*), *A. Richard* (*Nouv. élém. bot.*) völlig überein. Danach erscheint der Satz des Rec.: „womit frühere Beschreiber übereinstimmen", entweder als eine gar arge Unwissenheit desselben, oder abermals als eine wissentliche Unwahrheit, deren Zweck freilich ebenfalls leicht zu errathen ist.

gen, vielleicht den Worten irgend einer kläglichen Compilation folgend, die Keimpflanze in der Frucht und im Verhältniss zur Frucht (nicht zur Tafel) verkehrt und gab diese Erfindung für eine Abbildung der Natur aus. Das war der Gegenstand der Rüge bei dieser Tafel, das nannte ich wissentliche Unwahrheit, wenn Jemand etwas als Pflanzenanalyse, als Abbildung nach der Natur verkauft, was er selbst erfunden.

Wollte sich aber der Rec. hierbei noch hinter die Zweideutigkeit des Wortes „verkehrt" verstecken, so fällt das bei der zweiten Tafel ganz weg. *Scleranthus* hat einen Fruchtknoten mit einfacher Höhle, in welcher eine einzige am Grunde aufrecht befestigte Saamenknospe sich befindet. Der Verfasser der Tafel, hier ebenfalls aus dem Kopf zeichnend, begnügt sich nicht etwa damit, nach irgend einer falschen Beschreibung einen zweifächrigen Fruchtknoten mit je einer Saamenknospe darzustellen, sondern um seiner Erfindung mehr Schein zu geben, fingirt er einen Zustand mittlerer Ausbildung*), wo die eine Saamenknospe auswachsend, die andere in der Verkümmerung begriffen ist, um so den Uebergang zur reifen Frucht, die natürlich einfächrig und einsaamig ist und auch stets so beschrieben wird, darzustellen. So verhält sich die Sache und so wird kein Mensch, der nur noch eine Spur von Redlichkeit und Wahrheitsliebe hat, mich tadeln, dass ich solchem Treiben in der Wissenschaft mit aller Kraft des Worts entgegentrete. Wenn man aber sieht, wie der Rec. sich selbst falsche Darstellungen der Thatsachen erlaubt, um solche Machwerke nicht nur zu entschuldigen, sondern sogar mich, der ich sie getadelt, zu schmähen, so wird man fast auf den Gedanken geführt, dass der Verfasser der Tafeln ihn näher angehe, als er sagen mag**). Der Rec. fährt aber noch fort: Man müsse annehmen, dass sich die folgenden Sätze meines Buchs eben-

---

*) Dessen früher nie ein Schriftsteller erwähnt, wo also die ohnehin nichtige Entschuldigung des Rec., dass der Zeichner durch frühere Beschreiber verführt sey, auch wegfällt.
**) Um einen Verstorbenen gegen die Ungeschicktheiten seines eignen Bruders in Schutz zu nehmen, muss ich bemerken, dass ich

falls auf den verstorbenen *N. v. E.* bezögen, und daher seyen sie *mutato nomine* auf mich selbst anzuwenden. Aus dem Zusammenhang geht klar hervor, dass die erwähnten Sätze weder auf den verstorbenen *N. v. E.*, noch selbst speciell auch nur auf den Verfasser der Tafeln zu beziehen sind; bei der beiläufigen Erwähnung der Tafeln berufe ich mich ausdrücklich auf frühere Mittheilungen. Hier (*Linnaea* Bd. II. S. 516) sagte ich: „Es bedarf keiner Erinnerung, dass der Tadel der Tafeln nicht den verehrten Herausgeber trifft, da ein solches Werk ohne die Beihülfe vieler Mitarbeiter nicht zu Stande zu bringen ist" u. s. w. Diese meine ausdrückliche Verwahrung kennt der Rec. sehr wohl, da er sich S. 480 Sp. 1 selbst auf meinen Aufsatz in der *Linnaea* beruft, und doch hat er die Stirn, jenen Schluss zu machen.

S. 485 Sp. 1 u. f. kommt eine Vertheidigung *Liebig's*, die unter Anderm auch wieder meinen Charakter verunglimpft. Die Hauptstelle der angegriffenen Anmerkung*) lautet bei mir: „Keine Materie kann als Pflanzennahrung angesehen werden, deren Zusammensetzung ihrer eignen gleich oder ähnlich ist, deren Assimilation also erfolgen könnte, ohne dass Kohlensäure ersetzt würde." Es sind die eignen Worte *Liebig's*, als solche, durch „ " angeführt und das „ersetzt" statt „zersetzt" ein offenbarer Druckfehler, da sonst die Stelle selbst so wenig wie meine Polemik dagegen Sinn haben würde. Der Rec. fühlte wohl, dass es jedem unbefangenen Leser gleich einfallen müsse, wie er nur gegen einen Druckfehler zu Felde zieht, da es sich bei seinen Angriffen zum Theil gerade um das „ersetzt" und „zersetzt" handelt; um das zu verhüten, machte er lieber in der Anführung meines Satzes aus Kohlensäure Kohlenstoff. Dass das nicht auch etwa ein dem Cor-

---

bestimmt zu wissen glaube, wer der Verfasser der fraglichen Tafeln ist. Ich bin aber nicht berechtigt, von dieser mir privatim zugekommenen Notiz weitern Gebrauch zu machen.

*) Auffallend muss es auch erscheinen, dass der Rec. für alle seine schweren Schmähungen fast keine Thatsache dem Texte meines Buchs entnommen, sondern nur einige beiläufige, der Sache an sich fremde Anmerkungen aufgestört hat.

rector zur Last fallender Druckfehler ist, zeigen die darauf folgenden Worte.

So ist die Recension beschaffen, wo Herr *N. v. E.* bestimmt zu controlirende Thatsachen referirt, und daraus mag jeder Leser sich abnehmen, wie sie da seyn mag, wo in allgemeinen Redensarten über mein Buch und seinen Geist abgesprochen wird. Auf solche Sachen zu antworten widert mich an und deshalb eben wollte ich schweigen. Aber man wird mir einwerfen, die Recension wird doch auch wohl auf Thatsachen wissenschaftlich eingehen, es wird doch wohl von der Botanik selbst die Rede seyn, und da liesse sich immerhin ein wissenschaftlicher Streit denken. Ich habe schon bemerkt, 14 Spalten geben meine Ueberschriften als Inhaltsangabe, dazwischen sind einzelne wegwerfende Bemerkungen, zusammen wohl nicht über 4 Spalten eingeschaltet, aber specielle Thatsachen werden fast nirgends berührt.

Es ist hier sehr schwer, Beispiele zu finden, denn der Rec. hat sich durchaus nicht auf die Sache selbst eingelassen. Ueberall bewegt sich seine Recension in vager Rede, selbst wo er Thatsachen auffasst, diese selbst nicht nach eignen Beobachtungen kritisch würdigend, verbessernd, vervollständigend, sondern nur in seiner beliebten Manier speculirend, d. h. in tändelnder Einbildungskraft behandelnd. Was er an Bemerkungen etwa giebt, zeigt dass, an ihm wenigstens, meine methodologische Einleitung völlig unverstanden und daher auch nutzlos vorübergegangen ist. S. 484 Sp. 1 wirft er mir vor, dass ich bei der Lehre von der Zelle die Milchsaftgefässe, die doch auch eine eigne Haut hätten, übergangen habe. Ob die Milchsaftgefässe aus Zellen entstehen oder nicht, ist zur Zeit ganz entschieden noch nicht constatirt, und was eine eigne Haut hat, ist darum noch keine Zelle. Rec. verlangt also von mir, dass ich an die Stelle erfahrungsmässig sicher fortschreitender Wissenschaft die Vergleichungsspielereien und in der Phantasie ausgesponnene sogenannte Theorien setzen soll, welche die „speculative Philosophie" charakterisiren und gegen welche als unwissenschaftlich ich mich eben überall so bestimmt erklärt habe. Was Rec. S. 481 Sp. 2 über Entwicklungsgeschichte sagt, zeigt, dass er niemals selbst auch nur eine Einzige vor Augen gehabt hat und wird kaum von Einem, der sich dem Studium derselben je zugewendet hatte, ohne Lächeln gelesen werden können; wenn er aber bemerkt, dass der Gedanke weder neu, noch mir in der Behandlung besonders verpflichtet sey, so thut es mir leid, dass er mich nicht belehrte, statt durch seinen Machtspruch den Lesern etwas weiss zu machen. Entwicklungsgeschichte (d. h. treue, vollständige Beobachtung und Feststellung der in Folge der Entwicklung nach einander sich zeigenden verschiedenen Zustände desselben Organs oder Organismus, um daraus die Natur des Gegenstandes oder das Gesetz der Veränderung ableiten zu können) ist bis auf *Rob. Brown* als **allgemeines** Princip in der **Botanik** völlig unbekannt gewesen. Dieser genannte Forscher wendete sie **zuerst allgemein** an, aber ohne sie als Princip **auszusprechen.** Das Letztere habe **ich** zuerst gethan und **eben als Erster** vielleicht noch mangelhaft, so dass gerade hier mein Rec. Gelegenheit gehabt hätte, mir und der Wissenschaft zu nützen, wenn man nur über eine Sache etwas lehren könnte, von der man selbst nichts versteht.

S. 481 Sp. 1 zeiht mich Rec. der Eilfertigkeit, weil ich unter den schellingianisirenden Botanikern auch *Walpers* genannt. Mit perfider Ignoranz setzt Herr *Nees* hinzu: „*Walpers*, den Verfasser des *Repertorii botanici*." Ist er etwa wirklich so unwissend, die grossartig phantastischen Aufsätze (z. B. in der *Flora* über das Genus *Goultheria*) nicht zu kennen.

Endlich S. 485 Sp. 1 vertheidigt Rec. *Liebig*, dessen verkehrte Ansichten so darstellend:

„Für die Aufnahme von Zucker und Gummi etc. kann die Pflanze nicht organisirt seyn, **da sich diese in ihrem Boden und ihrer Atmosphäre als solche nicht finden, und da die Pflanze nur die Function des Zersetzens und Bindens hat,** so muss sie auch dieser gemäss vegetiren."

Hier hat nun Recensent *Liebig* entweder nicht verstanden, oder verdreht, denn *L.* knüpft sein angebliches Gesetz an die Lehre vom **Humus,** der allerdings **als solcher** im Boden vorkommt, sagt überhaupt etwas ganz Anderes, als

Rec. ihn sagen lässt, wenn es auch in der Hauptsache ungefähr auf dasselbe Endresultat hinausläuft; deshalb will ich hier den Raum schonen und die Sache so nehmen, wie Rec. sie giebt. Wenn man nun auch bei einem Mann, wie *Liebig*, die völlige Unwissenheit in der Botanik, die *Mohl* und ich ihm nachgewiesen, entschuldigt, weil er ein grosser Chemiker ist, wenn man ihm verzeiht, wenn er nicht weiss, dass es nicht etwa nur einzelne Pflanzen, sondern ganze Pflanzenfamilien (die *Rafflesiaceen*, *Balanophoreen*, *Cytineen*, *Orobanchaceen* etc.) giebt, die als wahre Parasiten ausschliesslich von assimilirten Stoffen leben, welche Kohlensäure weder aufnehmen, noch zersetzen können, wenn eine solche Unwissenheit bei einem Chemiker allenfalls zu übersehen ist, so erscheint sie doch bei einem Botaniker so traurig, dass er dadurch seine völlige Unfähigkeit documentirt, botanische Werke zu beurtheilen, wenn sie nur irgend etwas mehr als magere Specialbeschreibungen enthalten.

Doch genug und vielleicht schon zu viel gegen einen Mann, der sich solcher Mittel, wie oben angeführt, bedient, um den Charakter eines Andern zu verdächtigen, gegen dessen wissenschaftliche Leistungen er nach seinen eignen Worten nichts einzuwenden weiss. Mir war es hier nur darum zu thun, den botanischen Laien, auf welche die sogenannte Recension allein berechnet scheint, einen ungefähren Maassstab zur Beurtheilung derselben an die Hand zu geben.

Was kann ich nun gegen eine solche Recension erwidern, wenn meine Antwort etwas mehr enthalten soll, als unerfreuliches Gezänk mit einem Manne, der sich alle Mühe gegeben mich zu kränken und dabei im Eifer der Leidenschaft sich selbst so traurig blossstellt? Es bleibt indess noch ein Punkt übrig, der ein allgemeines Interesse darbietet und der zugleich mit die Schuld trägt, weshalb *N. v. E.* so erbittert auf mich ist, nämlich meine Einwendungen gegen die Schelling'sche Naturphilosophie; ein zweiter Punkt mag sich daran knüpfen, nämlich die Vertheidigung *Hegel's*, die *N. v. E.* in Bezug auf dessen Dissertation *de orbitis planetarum* versucht. Beide zusammen geben mir Veranlassung, das Verhältniss der Hegel'schen und Schelling'schen Naturphilosophie zur Naturwissenschaft, so weit es mir von meinem Standpunkte aus zukommt, etwas ausführlicher zu erörtern.

In aller Bearbeitung der Wissenschaften treten sich stets zwei Methoden als unvereinbare Gegensätze gegenüber. Einerseits ist es die dogmatische Behandlung, die schon Alles weiss, der mit ihrem augenblicklichen Standpunkte die Geschichte ein Ende erreicht hat, die ihre Weisheit wohlvertheilt und wohlgeordnet vorträgt und von ihrem Schüler keinen andern Bestimmungsgrund zur Annahme des Gehörten fordert, als das αὐτὸς ἔφα. Dieser in ihrem ganzen Wesen falschen Weise tritt nun die andere entgegen, die wir für die reine Philosophie die kritische, für die angewandte Philosophie und für die Naturwissenschaften die inductorische Methode nennen, die sich bescheidet noch wenig zu wissen, die ihren Standpunkt von vorn herein nur als eine Stufe in der Geschichte der Menschheit ansieht, über welche hinaus es noch viele folgende und höhere giebt, die aber freilich auch nur als i h r e folgenden angesehen werden können, und die ihre Schüler auffordert sie zu begleiten und unter ihrer Anleitung im eignen Geiste und in der Natur zu suchen und zu finden, die daher für alle ihre Sätze an den Schüler die Gewissheit des selbst Erfahrnen bringt, und selbst da noch nützt, wo sie irrt, weil sie den Schüler zur Selbstthätigkeit, zum eignen geistigen Leben erzieht, während die dogmatische Methode auch da, wo sie zufällig die Wahrheit hat, noch schadet dadurch, dass sie den Schüler um sein eignes geistiges Leben, also um das einzige des Strebens Würdige betrügt. Freilich ist die erste Methode in ihrer strengsten Consequenz eine an sich unmögliche und jeder Einzelne, der ihr anhängt, muss immer mehr oder weniger eine Zeitlang der letzten gefolgt seyn, um nur zur dogmatischen Behandlungsweise kommen zu können, und seine wissenschaftliche Thätigkeit wird daher sehr verschiedne Nuancen darbieten, je nachdem er mehr oder weniger die allein richtige zweite Methode in Anwendung gebracht und in seiner Darstellung durchscheinen lässt*). Verfolgen wir nun von diesem Gesichtspunkte aus die Geschichte der Menschheit, so sehen wir, wie aller Fortschritt

---

*) Man vergleiche hier die klare Entwicklung dieser beiden Mein den einzelnen Disciplinen immer nur an die Herrschaft der inductiven und kritischen Methoden geknüpft ist und wie sich die einzelnen Wissenschaften erst ganz allmählig eine nach der andern das Bewusstseyn der allein richtigen Methode erobern. Für die Philosophie hat nun zuerst *Kant* den Faden mit **Bewusstseyn** aufgenommen und *Fries*, mit eminentem Talente für Selbstbeobachtung und Abstraction begabt, die Methode des Kriticismus in völliger Reinheit und Klarheit festgestellt; aber leider sind die Meisten sehr bald wieder von diesem rechten Wege abgewichen und es ist nicht vorherzusagen, wann und wie hier das Richtige allgemeine Anerkennung finden wird. Sehr treffend sagt hierüber *Fries* (a. a. O.): „Die Leichtigkeit der Mittheilung und die **voreilige Sucht** nach einem vollständigen System haben das Dogmatisiren zur gewöhnlichsten wissenschaftlichen Methode gemacht. Wollte man aber anstatt dessen die kritische Methode allgemein machen, so würde man nicht nur mehr Geist in alle Speculation bringen (**woran freilich nicht Jedem gelegen wäre**), sondern überhaupt dahin gelangen können, alle theoretischen Wissenschaften nach einem bestimmten Plane zu bearbeiten und in aller Speculation auf einen geraden Fortschritt zu kommen, bei dem man nicht immer wieder genöthigt würde, von Zeit zu Zeit das früher Gesagte zurückzunehmen. Es würde dann keiner wissenschaftlichen Revolution mehr bedürfen, sondern alle Verbesserungen müssten sich in friedliche Reformen verwandeln, bei denen das früher Gefundene doch immer als Wahrheit stehen bliebe, **wobei man aber freilich an der schnellen Production vollendet scheinender Systeme verlieren würde.**"

In den Naturwissenschaften zeigt sich mir die Sache folgendermassen. Die wenigen grösstentheils astronomischen Kenntnisse, deren allmälige Sammlung wahrscheinlich Jahrtausende in Anspruch genommen hatte, gingen als Tradition auf die Griechen über, mit denen in der Geschichte zuerst eine selbstständige und selbstbewusste Geistescultur beginnt. Im Wesentlichen andern Interessen zugewendet, blieben aber die

---

thoden in *Fries: Reinhold, Fichte* und *Schelling.* Leipz. 1803. S. 132—165 und 245 ff.

traditionell empfangenen Naturkenntnisse in physikalischen Mythen und höchstens in theogonischen und kosmogonischen Träumereien befangen. Die allgemeine Verbreitung des Christenthums emancipirte zuerst die Naturwissenschaften, indem es die physikalische Mythologie der Griechen völlig durch die ethischen Mythen der Juden verdrängte. So gab es merkwürdiger Weise gleich in seinem Entstehen und eben durch seinen Sieg gerade seinem schlimmsten Feinde die Fähigkeit, sich zu der Macht zu entwickeln, der es dereinst in seinem historisch-dogmatischen Theile, also so weit es Menschenwerk ist, rettungslos unterliegen wird. Indessen war durch die Befreiung von Mythologie den Naturwissenschaften nur die Möglichkeit gesunder Entwicklung gegeben und selbst die völlige Ausmerzung der theogonischen und kosmogonischen Träumereien erforderte noch einen langen Kampf, der erst durch *Galilei*, *Keppler* und *Baco von Verulam* im Ganzen für die inductiven Methoden entschieden wurde. Mit sehr verschiedenem Glück haben sich hier nun die einzelnen Disciplinen der richtigen Methode bemächtigt und mit Ausnahme der Astronomie, der Physik und Chemie ist wohl noch keine in der Erkenntniss des richtigen Weges so weit fortgeschritten, dass kein Rückfall in die dogmatisirende Spielerei zu fürchten wäre. Haben wir doch noch in unserm Jahrhundert erlebt, dass Zoologen in einer so rein historischen, einzelne Thatsachen sammelnden Wissenschaft die Thorheit begingen, dogmatisirend die Zahl der Arten, Geschlechter etc. zu bestimmen und die aus dem Widerspruch mit der Wirklichkeit entstehenden Lücken des Systems als noch zu machende Entdeckungen zu bezeichnen. Wenn nämlich alle Disciplinen, die die sogenannte unorganische Welt zu ihrem Gegenstande haben, mehr oder weniger bewusst und mehr oder weniger rein der allein richtigen Methode der Induction folgen, so sind es dagegen gerade die Wissenschaften von der organischen Natur, welche am längsten im geistlosen Dogmatismus verharrten und erst jetzt allmälig anfangen, sich zu befreien. Hier ist der Kampf auf dem Gebiete des thierischen Organismus am lebhaftesten entbrannt und offenbar für die inductive Methode, der fast alle ausgezeichneten Physiologen jetzt folgen, so gut wie entschieden, da neben dem so frisch und freudig anwachsenden Reichthum der Erfahrung, neben den Schritt für Schritt gewonnen werdenden Resultaten und Lösungen schwieriger Aufgaben sich die gänzliche Unfruchtbarkeit und geist- (nicht phantasie-) lose Leerheit der dogmatisirenden Physiologie von Tag zu Tag kläglicher ausnimmt. So gut steht's nun mit der Botanik noch nicht. In ihr hat der Kampf kaum erst begonnen und sie hat noch durch so manche andre Verhältnisse eine so durchaus schiefe Richtung erhalten, dass ihre Sache nicht so bald zu Ende geführt seyn wird, wenn nicht diejenigen, die den richtigen Gesichtspunkt einmal erfasst haben, fest zusammenhalten und sich mit allem Ernst den lästig sich aufdrängenden dogmatisirenden Träumereien widersetzen.

Ein Verhältniss muss ich hier noch berühren, welches das späte Erwachen der Wissenschaften vom Organismus betrifft. Durch die ganze Geschichte der Menschheit sind es Philosophie und Naturwissenschaft, die den Faden fortspinnen, aber stets mit wechselnder Herrschaft und immer gegenseitig einander Bahn brechend und die grossen Fortschritte vorbereitend. So war es die Philosophie, welche die Menschheit allmälig bei den Griechen zum Bewusstseyn ihrer Macht brachte, indem sie den Menschen geistig übte, bis er sich im Mittelalter die Naturwissenschaften erfinden konnte. Die grossen Entwicklungen, die sich nach der Entdeckung von Amerika bis auf *Newton* ergaben, gehören ganz den Naturwissenschaften an. Dann aber lernte die Philosophie die im Gebiete der Natur erfundenen inductiven Methoden auch auf das Gebiet des Geistes anwenden und so entstanden die fruchtbaren psychologischen Forschungen besonders der englischen Schule, welche in Verbindung mit *Newton's* naturphilosophischen Vorarbeiten *Kant* die Grundlage bei seinen unsterblichen Entdeckungen gaben, die dann von *Fries* weiter ausgebildet wurden. Nun aber hat umgekehrt die Naturwissenschaft erst wieder von der Philosophie zu empfangen, und ihr nächster sicherer Fortschritt hängt von der allgemeinen Anerkennung der gesunden Kantisch-Fries'schen Philosophie ab. Jedem Fortschritt muss nämlich stets die richtige Erkenntniss der zu lösenden Aufgabe und die richtige Fassung derselben vorhergehen. Ungleich leichter waren diese in den Disciplinen der unorganischen Natur bei den viel einfachern

Verhältnissen zu finden; unendlich schwierig dagegen bei den so complicirten Verhältnissen der Organismen. Hier versteckt sich die empirische Unfähigkeit immer hinter die Vieldeutigkeit unbestimmter und mangelhafter Abstractionen, über welche die gesunde Empirie selbst keine Macht hat, deren Aufklärung sie vielmehr allein von der Philosophie erwarten muss. Hier sind die Worte: Organismus, Leben, Trieb, Seele u. s. w. eben die Deckmäntelchen der Unwissenheit oder Unklarheit, und hier kann nur die richtige philosophische Ausbildung sagen: ,,Dies ist der Gang der Abstraction, damit werden wir auf diese bestimmten Unterschiede geführt und so bilden wir diese bestimmten Begriffe, mit denen wir dann als Zeichen gerade dieses bestimmte Wort verbinden." Einem solchen Verfahren entziehen sich nun aber alle die auf dogmatischen Irrwegen sich verlierenden Philosophen, unter den neuern insbesondere die Schelling'sche und Hegel'sche Schule, und so sind die Anhänger derselben auch der alleinige Widerhalt der verwerflichen Behandlungsweise der Wissenschaft von den Organismen. Der Kampf gegen sie kann aber nur auf dem Gebiete der Philosophie entschieden werden; innerhalb der Naturwissenschaften selbst kann man sie nur entweder mit der factischen Verworrenheit ihrer Begriffe, oder mit ihrer Unwissenheit in den empirischen Thatsachen *argumento ad hominem ad absurdum* führen; eine andre Widerlegung ist auf unserm Gebiete gar nicht möglich. An eine Aussöhnung und Ausgleichung zweier etwa gleich berechtigter und gleich fehlerhafter Gegensätze ist hier aber durchaus nicht zu denken; der ganze Kampf ist vielmehr erst mit der völligen Vernichtung und Ueberwindung derer beendigt, die dem Dogmatisiren in Philosophie und Naturwissenschaft, in Staat und Kirche das Wort reden, und mit der unbedingten Anerkennung der kritischen und inductorischen Methode als der allein richtigen, der allein Fortschritt sichernden und eben deshalb zugleich jede gewaltsame Umwälzung unmöglich machenden.

Wie schon oben erwähnt, ist mehr oder weniger die Bearbeitung jeder Wissenschaft an die Erfahrung gebunden. Die Anforderung, aus Einem Grundsatz heraus den reichen, lebendigen Gehalt der Wirklichkeit zu entwickeln, ist eine in

sich so absurde, dass Niemand ihr consequent treu bleiben
k a n n , wie das von *Fries* gegen *Fichte* und *Schelling* unwiderleglich nachgewiesen wurde. Aber es kann doch dieses Aufnehmen und Aneignen aus der Erfahrung mit mehr oder weniger Bewusstseyn geschehen, und man kann sich und Andre
täuschend wirklich versuchen oder zu versuchen glauben, aus
einem constitutiven Princip den ganzen Gehalt einer Wissenschaft zu entwickeln, wo dann consequent jede Thatsache, die
man unbewusst aus dem Zufälligen der Erfahrung aufgenommen
hat, im System ihre Stelle wenigstens scheinbar als nothwendige Folge des Princips findet. Hier ist das Dogmatisiren nun
ein philosophischer Irrweg aus verworrenen Abstractionen und
logischer Unbeholfenheit hervorgegangen, und der Streit gegen
diese Unbeholfenheit wäre eigentlich allein von der Philosophie
und auf ihrem Gebiete auszufechten. Dort allein kann der
Kampf $\varkappa\alpha\tau'\ \dot\alpha\lambda\eta\vartheta\varepsilon\iota\alpha\nu$, auf jedem andern Gebiete nur $\varkappa\alpha\tau'$
$\ddot\alpha\nu\vartheta\varrho\omega\pi\sigma\nu$ geführt werden. Allein gerade die Naturwissenschaften eignen sich, weil ihnen immer die inappellable Sicherheit der unmittelbaren sinnlichen Erkenntniss, oder die unwidergliche mathematische Demonstration zur Seite steht,
ganz besonders dazu, ein angebliches philosophisches System in
seinen Folgen anzugreifen und seine Verkehrtheit und Unfruchtbarkeit augenscheinlich darzulegen. Hierbei hätte ich daher insbesondere für unsere Zeit auf *Hegel* und *Schelling*
Rücksicht zu nehmen.

Beide haben ihre wesentlichen Grundfehler mit einander
gemein. Was Beide aus der Philosophie in die Naturphilosophie
mit hinüberbringen, ist zunächst die psychologische Unkenntniss und Verworrenheit. Beide überspringen, in voreiliger Hast,
zu lehren, ehe sie gelernt, neue Systeme zu bauen, ehe sie ihre
Vorgänger studirt, gänzlich die Grundlagen, auf denen *Kant*
gebaut. Hier stehen wir nun zunächst ganz auf dem Boden der Naturwissenschaften, nämlich der innern Erfahrung, und von hier aus
schon muss sich jeder Naturforscher gegen sie erklären. Wie uns
die körperlichen Sinne von den einzelnen Thatsachen in der Aussenwelt Zeugniss geben, so ist es der innere Sinn, welcher uns
jeden Augenblick das Bewusstseyn unserer geistigen Thätigkeiten zuführt, oder doch, wenn wir aufmerken, zuführen

kann; das ist eine unbestreitbar feststehende Thatsache der Erfahrung. So wie nun alle Kosmogonien und astronomischen Mythen der Griechen noch blosse Dichtungen waren und bleiben mussten, bis man, durch den geschärften und erweiterten Blick belehrt, erst erkannte, welche Erscheinungen die Aussenwelt zeigt, welche Veränderungen vorkommen, dass diese Veränderungen an Gesetze gebunden erscheinen, und welche diese Gesetze seyen, bis man sich endlich zu einer Theorie der Bewegung durchfand, so sagte *Kant:* „Jede Philosophie ist und bleibt leere Träumerei, wenn sie nicht in Bezug auf den menschlichen Geist denselben Weg geht, also aus dem empirischen Bewusstseyn unsere einzelnen geistigen Thätigkeiten aufnimmt, neben einander stellt, vergleicht und ordnet, ihre Veränderungen im Ablauf der Zeit aufzeichnet und aus der Vergleichung zu erkennen sucht, ob ihnen eine Gesetzmässigkeit und welche zu Grunde liege, und endlich eben so durch analoge Hülfsmittel wie in der Naturwissenschaft sich allmälig zu einer Theorie der erkennenden Vernunft erhebt"; wo sich denn auch, um das Gleichniss durchzuführen, ergeben wird, dass, wie kein Planet aus der Anziehungskraft der Sonne austreten könne, um andern Sonnen zuzueilen, so auch unsre Vernunft einen bestimmten, beschränkten Kreis habe, innerhalb dessen sie allein positiv zu erkennen vermöge, während alle andre Erkenntniss ihr nur dadurch als negative Erkenntniss entsteht, dass sie die Schranken ihres Wissens verneint, dass es daher eine Thorheit oder eine Charlatanerie sey, über diese Schranken hinaus ein positives Wissen vorzugeben. Das ist der sichere Boden, auf welchem sich die kritische Philosophie bewegt.

Bei dieser Betrachtung unserer Geistesthätigkeiten werden wir aber sogleich auf einen Unterschied geführt, der sehr wichtig wird und dessen Ignoriren fast allein die Grundlage der neuen Verwirrungen der Philosophie wird, nämlich der Unterschied zwischen Vorstellung (geistiger Thätigkeit) im Allgemeinen und erkennender Vorstellung (Erkenntniss). Jede Erkenntniss ist eine Vorstellung, aber nicht jede Vorstellung ist auch schon eine Erkenntniss. Der Centaur des Dichters ist wohl eine Vorstellung, aber keine Erkenntniss. Es fängt aber unsre geistige Entwicklung zunächst immer mit wirklicher Erkenntniss an (z. B. mit Sinnesanschauungen), d. h. mit geistigen Thätigkeiten, die sich unmittelbar auf ein gegebenes Wirkliches beziehen, erst allmälig nach den Gesetzen der Association und Abstraction bilden sich aus den Erkenntnissen Vorstellungen, die nicht mehr Erkenntnisse sind, weil die Beziehung auf ein unmittelbar gegebenes Wirkliche allmälig aus der geistigen Thätigkeit weggefallen ist. Solche Vorstellungen sind nun z. B. für den niedern Gedankenlauf die Bilder und Schemate der productiven Einbildungskraft, für den höhern Gedankenlauf und zumal für die Wissenschaft die nach bestimmten Gesetzen zu bestimmten Zwecken gebildeten Abstractionen. Ein zweiter Unterschied, der ebenfalls als Thatsache unmittelbar gegeben ist für Jeden, der nur aufmerken will, ist der zwischen unmittelbarer Erkenntniss (Anschauung, *Kant*) und vermittelter (discursiver, von einer unmittelbaren Erkenntniss abgeleiteter) Erkenntniss. Nur die letztere kann die Sphäre des Irrthums seyn, weil nur hier der menschliche Wille thätig eingreift, — des Irrthums, der sich nur durch Kenntniss und strenge Anwendung der Gesetze, unter denen diese vermittelte Erkenntniss steht (Logik), vermeiden lässt. Endlich trifft dieser Unterschied zwischen mittelbarer und unmittelbarer Erkenntniss und die Erwägung, dass nur bei ersterer Irrthum möglich sey, noch die alte Frage nach der Wahrheit der Erkenntniss. Diese Frage sollte früher immer auf Uebereinstimmung zwischen Erkenntniss und Gegenstand zurückgeführt werden. Die kritische Philosophie sagte dagegen, wir wollen vorläufig einmal den Gegenstand aus dem Spiel lassen und nur diejenigen Erkenntnisse als wahre bezeichnen, die wir **wirklich** besitzen, die aber als falsche, die wir nur scheinbar besitzen oder zu besitzen meinen; an die Vergleichung der Erkenntnisse mit dem Gegenstand wollen wir erst dann gehen, wenn wir **vollständig** übersehen können, welche Erkenntnisse wir in der That besitzen. Bei der unmittelbaren Erkenntniss ist es wieder nur Aufgabe der Beobachtung und Vergleichung der Vorstellungen unter einander, wodurch wir eine wirkliche Erkenntniss (z. B. die Anschauung eines gegenwärtigen Menschen) von einer scheinbaren (z. B. der Vision eines Fieberkranken) unterscheiden lernen. Bei der vermittelten Erkenntniss aber müssen wir erst die vollständige Gesetzmässigkeit der Ableitung derselben von unmittelbaren Erkenntnissen in unsre Gewalt gebracht haben, um danach zu entscheiden, ob richtig abgeleitet ist, ob also die angebliche Erkenntniss wirklich oder nur scheinbar in uns ist.

Alles hier Angedeutete nun giebt offenbar unmittelbare Gewissheit, weil es sich vom Boden der Beobachtung (hier der Selbstbeobachtung) nicht entfernt. Aber man wird auch leicht einsehen, dass Niemand damit gedient seyn kann, Niemand ein Philosoph wird, der die Ausführung dieser Gesichtspunkte von einem Andern auswendig lernt, so wenig Jemand damit auch nur eine einzige Pflanze kennen würde, der *Decandolle's Prodromus* auswendig gelernt, welches Buch vielmehr nur dem nützt, der nach seiner Anleitung die einzelnen wirklichen Pflanzen beobachtet. Daher denn die Grundregel des Kriticismus, dass Philosophie nicht erlernt, sondern nur selbst erfunden oder richtiger im eignen Innern entdeckt werden könne, daher die Erscheinung, dass so wenig Leute ihr treu bleiben, weil eine grosse und seltne Begeisterung für Wahrheit dazu gehört, um zu der Resignation zu gelangen, dass man seine Zeit und zwar Jahre seines Lebens so ganz elementaren Untersuchungen zuwendet. Wir haben in andern Verhältnissen im Leben täglich ähnliche Beispiele vor uns. Wer *ex usu* eine Sprache von Jugend auf gelernt, wird sehr selten in späterer Zeit es über sich gewinnen, das *ABC* und die Grammatik nachzuholen, um sie auch richtig zu sprechen. Er bleibt bei seinem Jargon. mit dem er im gemeinen Leben allenfalls auskommt. Nun lernen wir aber Alle von Jugend auf *ex usu* die Sprache der Philosophie, die ja eben nur die Sprache jedes lebendigen Volkes ist, wir gebrauchen die Worte Vorstellung, Erkenntniss, Verstand, Vernunft, Seele, Unsterblichkeit, Gott etc. von Jugend auf nach den unklaren, ungefähren Beziehungen, die sich damit allmälig associiren. Im Leben kommen wir schon damit aus, denn man kann sein Brod verdienen und rechtschaffen handeln, ohne ein grosser theoretischer Philosoph zu seyn. Wenn wir aber wissenschaftlich uns orientiren wollen, so bleibt es unerlässlich, dass wir erst wieder vom *ABC* (der empirischen Psychologie) und der Grammatik (der Logik) beginnen. Das ist nun aber allerdings, wie bei den Sprachen, den meisten Leuten zu mühsam. Die fertigen Formeln und Phrasen von einem Lehrer zu entnehmen und weiter zu combiniren ist bequemer, und in dieser Bequemlichkeit liegt eben der Rückhalt aller dogmatischen Systeme und die Möglichkeit ihrer Verbreitung, d. h. in der Unwissenheit über die elementaren Grundlagen, deren genaueres Verständniss doch allein Richtigkeit und Wissenschaftlichkeit verbürgen kann.

Wollte ich nun nach jenen Vorbemerkungen ein Urtheil über *Schelling* und demnächst über *Hegel* fällen, so würde es etwa folgende Punkte berühren.

Der erste aus jener Vernachlässigung der Elemente der psychologischen Erkenntniss hervorgegangene Fehler ist *Schelling's* speculative Anschauung, die denn später in seiner ganzen Schule uns die Naturwissenschaften auf so traurige Weise verdorben hat. *Schelling* hat (Zeitschr. f. spec. Phys. I, 1.) sich darüber mit der psychologischen Verworrenheit und Unklarheit und zugleich der sich selbst überhebenden Vornehmigkeit, die ihm überall eigen ist, erklärt und es scheint mir nicht schwer auszufinden, was ihm eigentlich vorschwebt. Dass *Kant's* Anschauung als unmittelbare Erkenntniss mehr umfasst als die blosse Sinnesanschauung, hat er dunkel geahnt, er war aber nicht im Stande, sich bis zur unmittelbaren Erkenntniss der Vernunft, die uns nur durch Abstraction und Speculation zum Bewusstseyn kommt, durchzufinden und er blieb ganz beim blossen innern Sinn, beim Vermögen der Selbsterkenntniss stehen. Jede durch den innern Sinn als vorhanden erkannte Vorstellung wurde als intellectuelle Anschauung für unmittelbare Erkenntniss ausgegeben; der Unterschied zwischen Vorstellung und Erkenntniss, zwischen unmittelbarer und gedachter Erkenntniss, endlich zwischen gedachter Erkenntniss und combinatorischem Spiel der Einbildungskraft völlig verwischt, jedes Kriterium der Wahrheit verloren und dadurch dem ganzen Spiel unwillkürlicher Einfälle der Name einer neuen Philosophie gegeben. Dadurch traten nun eben die witzigen Spiele der combinirenden Einbildungskraft, die an sich leeren Vergleichungsformeln in den Vorgrund und zu ihnen gehörten denn auch die einzelnen Formeln Thesis, Antithesis und Synthesis, in welchem Spiel sich später die ganze angeblich höhere Weisheit der Hegel'schen Dialektik bewegt. Sehen wir aber auf den eigentlichen Zweck wissenschaftlicher Ausbildung, auf Erkenntniss, so finden wir, dass jene Combinationsspiele uns gar keine Erkenntnisse, sondern nur problematische Vorstellungen geben, also höchstens niedere Vermittelungsstufen sind, um zur Erkenntniss zu gelangen. Sie werfen gleichsam Probleme, Fragen in unsere geistige Thätigkeit hinein, deren Auflösung dann aber erst durch zweckmässige Analyse, ruhige und umsichtige Leitung der Abstractionen, durch scharfe Begriffsbildung als unerlässliches Hülfsmittel des logischen Denkens, durch Vereinigung der Begriffe zu Urtheilen, Schlüssen und Schlussreihen etc. versucht werden muss, bei denen dann das Resultat ebenso oft ein Nein als ein Ja seyn kann. Deshalb spielt dort Gedanke und Traum, Wahres und Falsches, Geistreiches und Absurdes ohne Unterschied bunt durch einander. Es ist hier von Erkenntniss, von Förderung der Einsicht gar noch nicht die Rede. Hierher gehören alle jene vagen und unbestimmten Vergleichungen, bei denen die Copula des kategorischen Urtheils, weil man sich doch nicht verhehlen konnte, dass hier das gute deutsche Wort: „seyn" zuweilen auf Unsinn führe, durch das bequeme Zeichen $=$ ersetzt wird, was denn Jeder sich auslegen mag, wie er Lust hat, das in allen solchen Sätzen aber in der That nie etwas Anderes bedeutet als: Uebereinstimmung in einigen Punkten oder ungefähre Analogie..., so dass dadurch für die wirkliche Erkenntniss durchaus auch nicht das Allergeringste gewonnen wird. Hierher gehören z. B. solche Sätze wie: Wärme $=$ Expansion, Schall $=$ freigewordene Cohäsion, insbesondere aber die ganze gehaltlose Spielerei mit Polarität, polaren Gegensätzen, die in der Regel gar nichts sagt, als Verschiedenheit in einigen Punkten, ohne dass diese bestimmt zur Einsicht in das Verhältniss hervorgehoben würden. In der durchaus nichtssagenden Allgemeinheit dieser Vergleichungsspielereien wird nun gar nichts Bestimmtes erkannt, aber eben dieser nichtssagenden Allgemeinheit wegen kann auch die Erfahrung selten mit ihr in Widerspruch treten, wie *Fries* sehr hübsch sagt: „Die Erfahrung müsste in der That sehr unhöflich seyn, wenn sie so bescheidnen Ansprüchen widersprechen wollte." In der Hand des gewandten Schriftstellers werden diese Formeln zum völlig leeren Becher des Taschenspielers, der aus demselben aber gleichwohl alles Mögliche hervorzieht, was verlangt wird, und so erklärt sich uns leicht die viel besprochene Prophetengabe der Naturphilosophie, die alle späteren Entdeckungen sollte vorausgesagt haben. *Schelling* hat zwar kein einziges Experiment *Faraday's* gemacht, aber nachdem sie einmal gemacht waren, hatte er gut sagen: „Ich hab's vorhergesagt, Galvanismus = chemischer Process," ein Satz, der, als er ausgesprochen wurde, völlig unbegründet war und selbst jetzt nach *Faraday's* Entdeckungen eben immer noch leer und gehaltios bleibt, denn die Bildung zweier Salze durch doppelte Wahlverwandtschaft, der Uebergang von Harnstoff in kohlensaures Ammoniak u. dgl. ist noch immer keine galvanische Säule. *Schelling* war nun allerdings so klug, seine Aussprüche meist in der Allgemeinheit und Ambiguität zu halten, wie seit dem Orakel zu Delphi alle Propheten, und deshalb ist er meistentheils nicht zu widerlegen. Unglücklicher aber sind in dieser Beziehung seine Schüler gewesen, die, den Hauptpunkt, auf dem die Kunst beruhte, übersehend, sich verleiten liessen, mit jenen Formeln sich auf das bestimmte Gebiet der Erfahrung zu wagen, wo sie denn gar wunderliche Sachen ausheckten. Aber auch *Schelling* ist nicht überall so vorsichtig gewesen und man kann Beispiele genug in seinem System der Naturphilosophie finden, um dieselbe in ihrer naturwissenschaftlichen Unbrauchbarkeit und Blösse zu charakterisiren. Ich will hier zunächst einige Beispiele herausgreifen.

In der Zeitschrift für spec. Phys. Bd. 2. Heft 2. S. 108. Zus. 2. heisst es:
„Das Eisen wird von allen Säuren, ja vom blossen Wasser angegriffen. Das Erste erhellt aus dem §. verglichen mit §. 76, das Zweite aus §. 113."

Jeder nur einigermassen mit der Chemie Bekannte weiss, dass keine Säure ohne Gegenwart von zersetzbarem Wasser das Eisen angreift und dass ohne Gegenwart von Säuren (mindestens Kohlensäure) das Eisen **kein** Wasser zersetzt. Nun folgt zwar jener Zusatz 2, nicht aus den angezogenen §§., nach gewöhnlicher Logik, aber doch nach *Schelling's* Behauptung: da nun, wenn der richtig abgeleitete Schlusssatz falsch ist, auch die Prämissen falsch seyn müssen, so sind §. 76 und 113 ohne Zweifel falsch. §. 76 und 74 werden von *Schelling* verbunden nur als Folge von §. 66 dargestellt; da nun §. 76 falsch ist, so ist es aus demselben Grunde §. 66. Dieser ist aber nur Folge von §. 46 und 39, die also auch falsch seyn müssen. So werden wir durch §. 44. §. 8. §. 6. auf §. 1 der Wissenschaftslehre und durch §. 34. und 11. §§. 6 und 24, 23 und 6 ebenfalls auf §. 1 geführt, also ist das Princip der ganzen sogenannten Philosophie §. 1 der Wissenschaftslehre und somit die ganze Philosophie falsch. Man sieht leicht ein, dass für Jeden, der einigermassen an logisches Denken gewöhnt ist, das erste beste Beispiel genügt, um dieses ganze Formelwesen umzuwerfen; aber damit ist gegen *Schelling* gar nichts gewonnen, er ist gar nicht zu widerlegen, so wenig ein Krieg zwischen Mexicanern und Spaniern vor der Entdeckung von Amerika möglich war. *Schelling* und die Naturwissenschaft wissen nämlich gegenseitig gar nichts von einander und können sich deshalb auch nicht streiten. Zum Beweise will ich mit folgenden Beispielen fortfahren:

„7) Sobald nach den entgegengesetzten Richtungen die Potenzen der Differenz (*A* und *B*) völlig getrennt sind, fällt die Materie in den absoluten Indifferenzpunkt. Dieser ist durch das Wasser bezeichnet (das ursprünglich Flüssige, worin die reine dritte Dimension producirt ist, §. 51, c).

8) In dieser ganzen Metamorphose bleibt die Substanz dieselbe (§. 78. Erkl.) und nur das Accidentelle, oder die Cohäsion wird verändert.

9) Das Wasser kann als völlig gleichgültige Substanz nach entgegengesetzten Richtungen potenzirt werden, so, dass es sich mit dem Einen Pol an die positive, mit dem andern an die negative Seite der Reihe anschliesst. In diesem Fall heisst es Sauerstoff, in jenem Wasserstoff (die cohäsionsloseste aller Substanzen).

10) So wie der Stickstoff und Kohlenstoff die Factoren

der activen Cohäsion sind, so Sauerstoff und Wasserstoff die der passiven, oder so wie jene die chemischen Repräsentanten der beiden Magnetismen, so diese die der beiden Elektricitäten (man vergl. hierüber insbesondere diese Zeitschrift Bd. 1. Heft 2. S. 68 ff.). Jener wird cohäsionserhöhend, dieser vermindernd seyn.

11) Das Wasser kann im Sauer- und Wasserstoff nicht der Substanz nach verändert werden. — Denn dies kann überhaupt keine Materie im dynamischen Process (§. 94. Zus.). Die neuern Verwandlungsversuche des Wassers lehren also in dieser Hinsicht nichts, was dem Wasser eigenthümlich wäre, sondern bestätigen nur den allgemeinen in der Naturphilosophie bewiesenen Satz, dass alle Qualitäten nur Potenzen des Einen gleichen und indifferenten $A = B$ sind. (Man s. die Abh. vom dyn. Proc. Bd. 1. Heft 1. und 2. dieser Zeitschr. §. 47 ff.). In dem Sinn, in welchem das Wasser unzerlegbar ist, ist es alle Materie. — Das, was allein dem Wasser eigenthümlich ist, besteht in dem, was der folgende Satz aussagt.

12) Das Wasser ist keiner dauernden Polarität fähig. Denn diese ist nur unter der Form der Starrheit und des Magnetismus (§. 68). — Das Wasser in seinen Veränderungen deutet ein höheres Verhältniss an, das der ganzen Erde zur Sonne. Denn wenn es der Sonne gelänge, die Erde sich auf gleiche Weise, wie die Erde den Mond, anzueignen, oder eine dauernde Ost- und Westpolarität hervorzubringen, so würde das Wasser ebenso von der Erde, wie, allen Spuren nach, vom Mond entschwinden.

13) **Das Wasser enthält ebenso, wie das Eisen, nur in absoluter Indifferenz, wie jenes in relativer, Kohlen- und Stickstoff, und so kommt alle wahre Polarität der Erde auf die Eine ursprüngliche, Süd und Nord, zurück, welche im Magnet fixirt ist."**

Der Chemiker, der dies liest, wird sehr ärgerlich und meint, das sey völliger Unsinn, ich suche ihn aber zu beruhigen und spreche: „Du irrst, lieber Freund; bedenke nur, dieser Kohlenstoff ist ja nicht dein Kohlenstoff, dieser Stickstoff nicht dein Stickstoff, sondern die grösste passive Cohärenz und die geringste Cohärenz, die eine Seite und die andere (da doch jedes Ding zwei Seiten hat), das Subjective und Objective oder (da Beides auch nicht existirt, sondern nur die eine absolute Identität) vielmehr die Subjectivität und die Objectivität derselben, oder das reine $A = A$. Verstanden?" Da alle Qualitäten nur Potenzen des Einen gleichen und indifferenten $A = B$ sind, so ist's ja einerlei, wie ich die beiden Seiten eines Dings nenne; ich kann sie auch Thier und Pflanze, Fleisch und Brod, oder Wasser und Wein nennen. Die Hauptsache bleibt eben $A = B$, und die ganze Sache ist die, dass ich statt A und B immer zwei Dinge setze, die in etwas verschieden und in etwas gleich sind; weil sie in etwas verschieden sind, sind sie eben polar entgegengesetzt, weil sie in etwas gleich sind, sind sie identisch und ihre Identität kann dann *ad libitum* wieder bezeichnet werden. Schreibe ich mir die Metalle in eine Reihe, Eisen grade in die Mitte, setze an die eine Seite noch Diamant (Kohlenstoff), weil er hart ist, an die andre Seite Stickstoff, weil er eine Art von Amalgam mit dem Quecksilber zu bilden scheint, so ist ja klar, dass aus der allgemeinen Identität und Polarität folgt, dass das Eisen in der Mitte nichts ist, als der Indifferenzpunkt von Kohlenstoff und Stickstoff. Das Wasser der Naturphilosophie ist auch nicht dieses oder jenes schlechte empirische Wasser etwa aus dem Brunnen oder Bach, welches der Chemiker in seinen Tiegel bringt, nicht einmal das chemisch reine aus dem Verbrennen des Wasserstoffs entstandene, sondern ein gar geheimnissvolles Wesen, welches dem Chemiker ewig fremd bleiben wird. Es ist eigentlich der absolute Indifferenzpunkt der Materie, die völlig gleichgültige Substanz und kann daher recht wohl aus Kohlenstoff und Stickstoff bestehen. Der für jeden Chemiker völlig ungeniessbare Unsinn ist also für den Philosophen ein ganz klarer — Gedanke? o nein! ein Bild aus einem halbwachen Traume, in dem es der absoluten Anschauung gefiel, gar seltsame Combinationen zusammen zu stellen und noch seltsamere Worte damit zu verbinden, in welchen Traum dann wie gewöhnlich bald heller, bald dunkler, immer aber phantastisch verzerrt verschiedene Reminiscenzen aus dem wachen Leben hineinspielen.

Ferner §. 157 a. a. O.

„Das Thier ist in der organischen Natur das Eisen, die Pflanze das Wasser. — Denn jenes fängt von der relativen Trennung (der Geschlechter) an. Diese endet darin. Zus. 1. Das Thier zerlegt das Eisen, die Pflanze das Wasser. 2. Das weibliche und männliche Geschlecht der Pflanze ist der Kohlenstoff und Stickstoff des Wassers (§. 95. Erl. 13.) Folgt unmittelbar." Oder S. 107 Zus. 2. „Der Körper, welcher sich oxydirt, wird, indem er absolut schwerer wird, nothwendig specifisch leichter"*). Zus. 4. „Die Auflösung der Metalle in Säuren geschieht nach dem allgemeinen Schema des chemischen Processes. §. 112. Es sey z. B. das aufzulösende Metall Silber, die Säure Stickstoffsäure, so ist Kohlenstoff (!), und Stickstoff unter sich, und mit Wasser in Berührung, d. h. (§. 114. Zus. 2.) es ist die Totalität des chemischen Processes gegeben."

Man glaube ja nicht, dass ich hier eine Arbeit eines chemischen Anfängers excerpire, worin ganz einfach chemische Unwissenheit als absoluter Unsinn sich darstellt. Hier ist von Erfahrungswissenschaft nicht die Rede, es ist Philosophie, die uns die Thatsache *a priori* construirt. Es müsse so seyn, denn es folge Alles aus dem Princip §. 1 der Wissenschaftslehre, und wer das nicht finden kann, zeigt nur

„Das Charakteristische dieser Foule und der ihr eingebornen Bestialität, dass sie keine Achtung hat, weder für die Zeit, noch für die Nachwelt, nicht für Ideen oder das

---

*) Schlägt man die erste beste Chemie auf, so findet man z. B.

	$P.\ sp.$
Kohlengas	0,4166
Kohlenoxydgas	0,9569
Kohlensäuregas	1,5245
Schwefelgas	1,1111
Schwefelsäuregas	2,1204
Stickstoff	0,9757
Salpetergas	1,0388
Salpetersaures Gas	3,1764
Wasserstoffgas	0,0688
Wassergas	0,6231

u. s. w.

Genie, das sie erzeugt, noch das Talent, das sie darstellt." (Zeitschr. f. spec. Phys. I, 168).

Jeder kenntnissreiche Mann weiss, mit welchem Grade von Sicherheit die Astronomie ihren Stoff beherrscht. Jeder Astronom erkennt freudig an, dass ihm *Newton* den festen Grund gelegt; die Mathematik ist die festeste und untrüglichste Wissenschaft und dient überall den Naturwissenschaften als das wesentlichste Förderungsmittel. Aber *Schelling* sagt uns, dass die ungereimtesten Vorstellungen in der Physik von jeher Mathematikern ihren Ursprung verdankt haben. Er nennt unter Andern *Newton*, *Euler* und die *Newton* folgenden Astronomen. Dass dem grossen Philosophen dabei gelegentlich das kleine Unglück begegnet, das Galilei'sche Fallgesetz mit der Newton'schen Gravitation zu verwechseln, dass er ähnlich *Hegel* völlig zufrieden mit der neuentdeckten Ceres und Pallas natürlich als nothwendige Folge des höchsten Princips der Philosophie *a priori* und nicht etwa gemein *a posteriori* eine treffliche Reihe construirt, in der dann zufälliger Weise für Juno und Vesta kein Platz ist, das sind Nebensachen, die den Siegeslauf eines grossen Geistes nicht hemmen dürfen.

Noch ein Beispiel will ich hier anführen, weil es am besten geeignet ist, das Tändelnde der Combinationen und die Verwirrung aller empirischen Begriffe in's klarste Licht zu setzen, und zugleich eine der Wunderlichkeiten erläutert, die von den Schülern vielfach nachgesprochen ist, ich meine ,,die 4 Weltpole."

Wer in seinem Leben einmal nur ein wenig Stereometrie getrieben und weiss, was eine Kugel ist, für den ist freilich die ganze Erörterung unnütz, und wenn wir mit *Fries**) antworten: ,,Hier liege eine Kugel auf meiner Hand rundum abgeschlossen, zieh den Finger darauf herum, wo ist der Anfang, wo das Ende? Wo ist der Anfang nicht, wo das Ende nicht?" so ist's mit der ganzen Sache aus.

Aber wir wollen dem Philosophen etwas weiter nachgehen. An einer Kugel ist nichts bestimmt als Mittelpunkt und Kugel-

---

*) Sehnsucht und eine Reise an's Ende der Welt. Eine Arabeske. S. 13.

fläche und der Abstand beider, der Radius, der aber nicht etwa eine bestimmte Lage hat, so wenig wie zwei Radien in entgegengesetzter Richtung, als einer der unendlich vielen denkbaren Durchmesser, eine bestimmte Lage haben. Nur dann ist ein Durchmesser der Kugel als eine bestimmte Linie, als Axe bestimmt, wenn wir genetisch die Kugel als durch Umdrehung eines Halbkreises um seinen Durchmesser entstanden erklären. Ebenso ist bei einer sich um irgend einen Durchmesser dreh en den Kugel dieser Durchmesser als Axe eine bestimmte Linie. Die Endpunkte der Axe nennen wir Pole, an den Himmelskörpern den einen Süd-, den andern Nordpol. Andere Punkte sind auf der Kugelfläche gar nicht als bestimmt vorhanden. Die Umdrehung aber bestimmt auf der ganzen Fläche eine unendliche Zahl von Kreislinien, die unter sich parallel und in jedem ihrer Punkte immer gleichweit von den Polen entfernt sind. An jedem dieser Kreise unterscheiden wir die Richtung der Umdrehung als Osten und die entgegengesetzte als Westen. Wer in der Nähe des Pols nach Osten zeigt, zeigt nicht auf denselben Punkt als der, welcher in der Mitte zwischen beiden Polen (am Aequator) nach Osten zeigt. Alle aber, die auf irgend einem Punkte der Kugel nach Süden zeigen, zeigen auf einen und denselben Punkt, auf den Südpol. Die unendliche Zahl der Linien, die man auf einer Kugelfläche vom Südpol zum Nordpol ziehen kann, nennt man Meridiane. Alle Meridiane laufen in zwei Punkte zusammen, Süd- und Nordpol; Ost und West laufen durch so viele Punkte, als auf einer Linie (Meridian) Punkte denkbar sind, also unendlich viele. Ein Zoll weit vom Pole ist Ost und West ebenso vollständig und bestimmt, als am Aequator, und mit diesem völlig parallel. West und Ost schneiden die Meridiane überall unter rechtem Winkel. Die Loxodromen (Linien, die den Meridian unter irgend einem andern Winkel schneiden) bezeichnet man, je nachdem der Winkel von der Ost- und Westrichtung nach Nord oder Süd abweicht, als NO., SO., NW., SW. oder mit einer genauern Bestimmung der Abweichung je nach praktischem Bedürfniss. Gleiche Loxodromen sind aber ebenfalls wie die Parallelkreise unter einander parallel, und wer von Irland nach Südwesten immer gerade aus reist, erreicht

Irland wieder, ohne dem, der von Tristan d'Acunha genau nach Südwest gereist ist, begegnet, oder ihm auch nur jemals näher gekommen zu seyn. Zwischen einer Kreislinie (einem Parallelkreise) und einem Punkt (einem Pol) giebt es keinen Indifferenzpunkt, sondern nur eine Indifferenzlinie (einen andern Parallelkreis); zwischen der Richtung West oder Ost und einem Pol giebt es aber auch keine Indifferenzlinie, jede Linie dazwischen ist wieder ein Parallelkreis mit einem West und Ost. Mit einem Wort, j e d e r Punkt auf einer Kugel mit alleiniger Ausnahme der beiden Pole ist der Mittelpunkt der g a n z e n Windrose, und ihre Peripherie, an der wir zur Orientirung West, Ost, SW., SO. etc. als Punkte bezeichnen, ist auf einer Kugel nirgends, es ist eine anschauliche Unmöglichkeit, diese Peripherie und ihre Punkte auf die Kugel zu übertragen.

Nach allen Projectionsmethoden (mit Ausnahme *Mercator's*) müssen wir die Oberfläche der Erde auf zwei Kreisflächen zeichnen, zwei Halbkugeln. Wir nennen die, welche die sogenannte neue Welt enthält, die westliche Halbkugel, weil wir nach Westen fahrend Amerika entdeckt, eine westliche Fahrt uns, die Kartenzeichner, auf dem nächsten Wege nach Amerika führt. Wäre Amerika von China aus entdeckt worden, würden dort die Karten gezeichnet, so würde man dieselbe Halbkugel die östliche nennen. Diese Bezeichnung ist an sich völlig zufällig und bedeutet für die Wissenschaft nichts. Endlich, zeichnen wir eine Halbkugel der Erde auf eine Fläche, so bezeichnen wir die Pole mit Nord und Süd, und setzen die R i c h t u n g s unterschiede West und Ost nicht an die ganze Seite des Kreises, sondern nur an die Enden des dem Aequator entsprechenden Durchmessers, weil wir Jedem so viel gesunde Anschauung zutrauen einzusehen, dass eine halbe Linie vom Pole so gut Westen und Osten sey, als am Aequator. Wir zeichnen auch wohl zur Orientirung noch mehr Punkte der Windrose auf den Umfang des Kreises, indem wir dann den Mittelpunkt desselben als Mittelpunkt der Windrose annehmen, ebenfalls voraussetzend, dass Jeder gleich einsehen wird, dass diese Bezeichnung einzig und allein für die vorliegende Projection auf einer Ebene Bedeutung habe, auf der wirklichen Erdkugel aber völlig ohne Sinn sey. An dem Umfang eines Kreises, also an einer Linie, kann ich wohl zwischen zwei gegebenen Punkten (zwischen den beiden Polen) einen Indifferenzpunkt (d. h. einen mittlern Punkt, nämlich West oder Ost) und zwischen diesem und einem jener Ersten wieder einen Mittleren (also z. B. SW. oder NO.) angeben, aber die Linie, an der eine solche Bezeichnung der Punkte möglich ist, existirt überall nur in der Zeichnung an der gezeichneten Erdkugel. Am einleuchtendsten wird dieses, wenn man statt östlicher und westlicher Halbkugel südliche und nördliche Halbkugel zeichnet. Hier ist die Begränzung, der Aequator, eine in der That auch an der Erde bestimmte Linie, aber gerade hier ist jede Bezeichnung von West und Ost völlig unmöglich auf andre Weise als etwa durch die Richtung eines Pfeils, die sich dann aber nicht mehr auf einen Punkt, ja nicht einmal auf eine Linie, sondern auf jede beliebige Kreislinie zwischen Aequator und Pol (auf jeden denkbaren Parallelkreis) bezieht.

Das Alles sind Dinge, die Jedem, der nur ein wenig Schulunterricht in Stereometrie und physikalischer Geographie genossen, bekannt seyn müssen; ich stellte sie hier nur zusammen, um sie jedem Leser wieder gegenwärtig zu machen und ihn so daran zu erinnern, dass jede Bestimmung von Ost und West als Punkten, von Südost, Südwest etc. als Indifferenzpunkten zwischen Ost oder West und Süd etc. nicht ein philosophisches oder auch nur logisches, sondern ein anschaulich zu erfassendes Unding sey.

Aber hören wir nun, wie die Naturphilosophie dennoch zu vier Polen kommt. Ich setze *Schelling's* eigne Paragraphen her und begleite sie nur mit Anmerkungen.

Zeitschr. f. spec. Phys. I, 2. S. S. 106 f.

„Wer die ersten Sätze dieser Untersuchung begriffen hat, wird auch eingesehen haben, dass wir absolute Cohäsion die Einpflanzung der Identität in die Differenz insofern nennen, als das Ding durch diese wahrhaft in sich selbst, nur mit sich selbst zusammenhängend, sich selbst gleich, demnach auch ganz abgesondert vom Zusammenhang mit andern ist, (obgleich im einzelnen Ding das, was der Intention nach oder an sich wirklich absolute Cohäsion ist, dadurch, dass jenes der Einheit ausser ihm unterliegt, wieder zur relativen Cohäsion — wie im Eisen z. B. Zusammenhang mit andern — wird): dagegen dass wir die, in jener Absonderung und Individuirung durch absolute Cohäsion wieder hervortretende, und durch sie bedingte Aufnahme des Besondern am Ding in das Allgemeine die relative Cohäsion nennen. Da nun von den beiden Einheiten, die sich sinnlich als absolute oder relative Cohäsion ausdrücken, nothwendig an der Form aller Dinge ein Ausdruck ist, so folgt, dass die Dinge in dieser Rücksicht sich von einander nur dadurch unterscheiden können, dass entweder die erste oder andre Einheit überhaupt überwiegend in ihrer Form, oder in der einen wie in der andern jetzt die eine, jetzt die andre Potenz, jetzt die des Besondern, jetzt die des Allgemeinen, die herrschende sey, so dass aus der Mischung der vier Potenzen in verschiedenen Verhältnissen alle Differenz der Materie entspringt."

Diese Sätze sind, beiläufig bemerkt, nur für den verständlich, der bis zur absoluten Anschauung gelangt ist. Nur so viel finden wir heraus: dass hier vier Potenzen construirt sind. Einen bestimmten Sinn, wie in der Mathematik, hat hier das Wort Potenz nicht, es wird aber wohl ungefähr so viel heissen als ,,Stufen".

Ebendas. S. 107 f.

,,Die vier Potenzen sind, nicht nur bildlich, den vier Weltgegenden vergleichbar, welche *Baader* schon als pythagoreisches Quadrat so schön in die Physik einzuführen suchte; denn da die absolute Cohäsion das ist, wodurch der Weltkörper, auch sofern er als Einzelnes und nicht in seiner Idee betrachtet wird, in sich selbst ist, und diese in Bezug auf das besondere Verhältniss zur Sonne das Unbewegliche an ihm bestimmt, die Axe, deren Richtung mit der der absoluten Cohäsion zusammenfällt, und deren beide Pole den beiden Potenzen der absoluten Cohäsion entsprechen, dagegen die respective Cohäsion, wie in der Folge wird bewiesen werden, ihr zu der Sonne dasjenige Verhältniss giebt, wodurch die Axendrehung bestimmt ist, so dass die beiden Potenzen derselben Bestimmungen zweier — eben so wie die Cohäsion relativer — Weltgegenden, von Ost und West, wird, so ist klar, wie in den vier Potenzen der absoluten und der relativen Cohäsion, welche wir auch, jene, weil sie die ist, wodurch ein Ding in sich selbst ist, die **thätige**, diese als diejenige, wodurch ein Ding in ein anderes aufgenommen wird, die **leidende** genannt haben, die vier Weltgegenden dynamisch bestimmt sind."

Hier finden wir nun, dass die vier Potenzen und die vier Weltgegenden die Vierzahl gemein haben, also (**nicht nur bildlich**) die vier Weltgegenden bedeuten. Es wird hier aber noch etwas vorbereitet: Zwar bleiben West und Ost hier noch als relative Weltgegenden (ein sehr unpassender Ausdruck für Richtungen) stehen, aber es wird schon durch *Baader's* pythagoreisches Quadrat auf eine **Fläche, an der vier Punkte unterscheidbar**, hingedeutet. Der Beweis, dass das Verhältniss zur Sonne in der relativen Cohäsion die Axendrehung bedinge, wird versprochen und bei diesem Beweis erst verwandeln sich Ost und West ganz in zwei Punkte. Das ist hier noch nicht geschehen und daraus resultirt zunächst die Beurtheilung des Folgenden.

A. a. O. S. 117 f.

„Es ist vorläufig schon bewiesen worden, dass durch die Potenzen des Allgemeinen und Besondern als Potenzen der absoluten und relativen Cohäsion die vier Weltgegenden bestimmt seyen. Wenn wir die beiden absoluten Weltgegenden durch S. und N. (Süd und Nord), die relativen durch W. und O. (West und Ost) bezeichnen, wo immer das Erste dem Allgemeinen, das Andre dem Besondern entspricht, so werden wir die entsprechenden Identitätspunkte als

SO. und NW.
NO. = SW.
SN. = OW.

bezeichnen können, so wie dann ferner die Verwicklungen der Potenzen im Planetensystem nach der Ordnung der Distanzen vom Centro in folgender Reihe ausgedrückt werden können, der wir sogleich auch die entsprechenden Planeten beifügen wollen.

SO.	NO.	SN.	NW.	SW.	OW.
Mercur.	Mars.	Jupiter.	Saturn.	Die äus-	Kometen-
Venus.	Pallas.		Uranus.	sersten	welt."
Erde.	Ceres.			Planeten.	

Zunächst die Identitätspunkte betreffend, so kann nach *Schelling's* eigner Vergleichung aller physikalischen Differenzen (Pole) mit der magnetischen Linie und überhaupt nach dem natürlichen Schema der Linie für jede Polarität der Identitätspunkt immer nur in der beide Pole verbindenden geraden Linie liegen. Der fünfte Identitätspunkt SN. ist also, wenn er irgend nur einigen Sinn haben soll, der Mittelpunkt der Erde. Aber wo ist denn der WOpunkt? Nun eben überall auf der Erde, wo du still stehst, ist der Identitätspunkt zwischen deiner möglichen Bewegung nach Westen oder Osten, WO. kann also nichts Anderes bezeichnen, als die Oberfläche der Erdkugel. Nun aber die vier ersten Identitätspunkte betreffend, so ist damit auch nicht einmal bildlich ein Sinn zu verbinden. Zwischen Westen und Osten als Richtungen und N. und S. als Punkten (Endpunkten der Axe) ist gar keine bestimmte einzelne Linie, also auch kein Identitätspunkt denkbar. Ich kann wohl auf der Landkarte von SW. als einer Richtung sprechen, aber ein Punkt, der Südwesten hiesse, ist auf der Erdkugel eine ganz unmögliche Vorstellung, und nur denkbar auf einem Kreise, den ich als Umfang der Windrose ansehe; aber auch hier ist es gar kein **bestimmter Punkt**, sondern nur ein Hülfspunkt zur Bestimmung der Richtung einer Linie von unendlicher Länge.

Man sieht hier gar leicht die Spielerei durch. Erst werden vier Potenzen construirt, und diese eigentlich nicht mit Süd, Nord, Ost, West, denn das sind Worte von bestimmter Bedeutung, sondern in beliebigem Algorithmus mit S. N. O. W. bezeichnet und beiläufig bemerkt, dass das ganz ähnlich sey wie die vier Weltgegenden, die aber hier eigentlich noch gar keine Bedeutung gewinnen; davon ist erst später die Rede. Bei den Identitätspunkten ist daher auch zunächst nur an die Potenzen gedacht und ganz vergessen, dass sie im Gleichniss von den Weltgegenden zur ganz unfassbaren Vorstellung werden.

Bleiben wir nun noch etwas bei der Reihe der Planeten stehen. Im Jahr 1801 hatte *Hegel* die Asteroiden dialektisch vernichtet. 1801 den 1. Juni wurde die Ceres, 1802 den 28. März die Pallas entdeckt, *Hegel* war Schüler und Freund von *Schelling* und danach ist leicht folgender Satz (S. 124—126) dieser 1802 erschienenen Schrift richtig unterzubringen:

„Nach Entdeckung des einen jener Planeten ist von Seiten der Astronomen gerühmt worden, dass sein Dasein von ihnen zum voraus und zwar aus der bekannten arithmetischen Folge der Distanzen, bestimmt gewesen, und es möchte wohl hier und da Gutmüthige geben, die ihnen hierin Glauben beimässen. Allein unmöglich kann man sich rühmen, das, gleichsam *a priori*, g e w u s s t zu haben, was man aus einem falschen Grunde — auch übrigens der Sache nach richtig — g e m e i n t hatte. — Denn die später erfolgte, diesen Astronomen gänzlich unerwartete, Entdeckung der Pallas hat die angebliche arithmetische Folge völlig zerstört und in ihrer Nichtigkeit gezeigt."

„Die Empirie, so oft sie etwas allgemein aussprechen will, kann von der fortgehenden Erfahrung immer nur Widerlegung erwarten; so wie die Theorie, welche mittelbar oder unmittelbar, mehr oder weniger bewusst, von den Ideen oder der Construction abgeleitet ist, von der Erfahrung immer nur bestätigt werden kann. Wie vortrefflich die neue Pallas in die bisherigen Meinungen der Astronomen passt, ist schon bemerklich gemacht worden, dagegen darf ich (da es doch von selbst klar ist) versichern, dass meinen Ideen von der Construction des Planetensystems keine grössere Bestätigung, als sie durch die Entdeckung dieses Gestirns erhalten haben, zu Theil werden konnte. E s i s t d e n e n, w e l c h e n i c h s e i t m e h r e r e n J a h r e n*) m e i n e I d e e n m i t g e t h e i l t, o d e r d i e m e i n e V o r l e s u n g e n b es u c h t h a b e n, b e k a n n t, d a s s i c h a u s G r ü n d e n, d i e v o n m e i n e r L e h r e v o n d e r C o h ä s i o n u n d d e n C o h ä s i o n s v e r h ä l t n i s s e n i m P l a n e t e n s y s t e m her-

---

*) Ein seltsamer Widerspruch mit der Dissertation *Hegel's*, der doch Zuhörer und Freund *Schelling's* war.

genommen waren, nicht nur überhaupt das Dasein eines Planeten zwischen Mars und Jupiter behauptet, sondern diese Stelle bestimmt als den Punkt der höchsten Dichtigkeit im Planetensystem bezeichnet, also wirklich weiter gesehen habe, als jene, denen die besondern Eigenschaften der neuentdeckten Planeten noch so viel unnütz zu denken machen; und ich erwähne dieses, nicht meinetwegen, sondern um der Sache und der Wissenschaft willen, gegen die nun auch unter den Astronomen die gewöhnlichen und von andern längst gebrauchten Einfältigkeiten vorgebracht werden*), so wie auch um die Eitelkeit des Triumphgeschreis zu zeigen, das einige unter ihnen über die Entdeckung des zuerst gefundenen Planeten erhoben haben."

Schelling meinte nun aber durch die Entdeckung der beiden neuen Planeten völlig gesichert zu seyn. Die Sache war, wie er glaubte, empirisch abgemacht und es liess sich recht gut erzählen, man habe das vorhergewusst und sogar vorhergesagt, dass zwischen Mars und Jupiter die Planeten der grössten Dichtigkeit stehen müssten. Das ganze Planetensystem wurde jetzt in eine treffliche Reihe gebracht, nicht schlecht empirisch, sondern die Reihe wurde *a priori* construirt. Es mussten gerade so viel und gerade so angeordnete und gerade so beschaffne aneten vorhanden seyn, und es erschien ordentlich lächerlich, dass die einfältigen Astronomen das nicht schon lange eingesehen und so viele Zeit gebraucht, um einige Glieder mehr zu entdecken. ,,Die Empirie wird von der fortgehenden Erfahrung immer Lügen gestraft, die Theorie kann nur bestätigt werden." Aber der armen Theorie zum Possen wurden kurz darauf die

---

*) Zu diesen einfältigen Leuten, denen die Eigenschaften der neu entdeckten Planeten so viel unnütz zu denken machen, gehören merkwürdiger Weise noch heute ohne Ausnahme alle ausgezeichneten Astronomen, die trotz der Belehrungen der Naturphilosophie noch immer so bornirt sind, zu behaupten, sie wüssten über die Dichtigkeit, des Volumen und die Masse der neuen Planeten noch gar nichts. Man vergl. *Hansen* in *Schumacher's* Jahrbuch für 1837. S. 106.

Vesta und die Juno entdeckt, wurde von Einigen*) die Dichtigkeit der Ceres zu 0,16 angegeben, so dass sie nächst dem Saturn der wenigst dichte Planet wäre, und behauptet, dass mit Ausnahme der Vesta die neuen Planeten alle leichter seyen, als die drei der Sonne nächsten, also nicht die höchste Dichtigkeit im Planetensystem hätten, kurz dass von der so schön *a priori* construirten Theorie des Philosophen auch gar nichts übrig bleibt, als die Verlegenheit, mit der die neuen Entdeckungen angestaunt werden, und die Gewandtheit, mit welcher das neu Entdeckte mit Verleugnung der frühern Construction abermals als ganz natürlich *a priori* construirt wird.

Aber ich will hier zunächst bemerken, dass überall das ganze Reden über die Dichtigkeit der neuen Planeten aus der Luft gegriffen ist; von der Dichtigkeit derselben wissen wir nichts und können noch gar nichts darüber wissen, denn dazu gehörte Kenntniss des Volumens und der Masse. In Bezug auf das Volumen weichen des ältern *Herschel's* und *Schröter's* Beobachtungen um das Zehnfache von einander ab, und die Masse betreffend, so ist die allein aus Störungsgleichungen an andern Planeten abzuleiten und für solche fehlt es noch an aller und jeder hinlänglichen Beobachtung.

Hierbei zeigt sich nun noch beiläufig, dass in der Philosophie, die sich rühmt, weit über *Kant* hinausgegangen zu seyn, nicht einmal *Kant's* einfachste Kunstworte verstanden werden, denn *a priori* (ein gleichsam *a priori* ist nichts) ist bei *Kant* etwas himmelweit Verschiedenes von dem, was hier so genannt wird, bei den Astronomen ist nämlich nur von einer einfachen Induction die Rede, die stets *a posteriori* und nicht *a priori* ist, und diese hat sich glänzend bewährt. Ich füge hier endlich noch den folgenden Satz (a. a. O. S. 122 f.) hinzu.

„Es ist zu erwarten, dass diese drei Planeten (Mars, Pallas, Ceres) unter einander wieder dasselbe Verhältniss beobachten, welches die drei ersten, und dies bestätigt sich auch, indem auch hier wieder der mittlere diejenigen Eigenschaften, welche dieser Conjunction von Potenzen gemäss

---

*) Man vergl. *Bronn* Naturgeschichte der Erde.

sind, da er diese in der grössten Indifferenz vereinigt, in der höchsten Eminenz zeigt, und unter diesen dreien sowohl die kleinste Masse, als die grösste Excentricität der Bahn hat."

Einmal beweist dieser Satz, wie gewiss die Philosophie ihrer Construction *a priori* ist, und zweitens, wie sie überall nur Falsches *a priori* construirt, denn nach den spätern Entdeckungen hat Pallas das Vorrecht der grössten Excentricität an die Juno abtreten müssen; so dass die speculative Philosophie, wo sie Thatsachen berührt, in jedem einzelnen Punkte ohne alle Ausnahme sich irrt.

Ich gehe nun zur eigentlichen Construction der vier Weltgegenden als Punkten, als vier Weltpolen über. Ich bringe folgende Sätze von *Schelling* bei. (A. a. O. S. 168 f.)

„Es ist allgemein einzusehen, dass, wenn überhaupt die allgemeine Form der Einbildung des Endlichen in's Unendliche Zeit ist, die besondre Aufnahme des Endlichen in's Allgemeine, welche durch relative Cohäsion einer Sphäre mit ihrem Centro bestimmt wäre, die absolute, jener eingepflanzte, Zeit (die Umlaufszeit) in eine besondre verwandeln, oder einer besondern gleichsetzen würde: aber eben dies ist auch der Fall in Ansehung der Monde, da die nicht nur an dem Mond der Erde, sondern auch an den Monden der andern Planeten, denen des Jupiter und zweier des Saturnus unzweifelhaft gemachte Beobachtung, dass sie ihren Hauptplaneten immer dieselbe Seite zukehren, offenbar zeigt, dass die Zeit ihres Umlaufs eine andre, nämlich die der Bewegung um sich selbst, verbunden ist, oder dass sie in derselben Zeit, in welcher sie sich um ihr Centrum bewegen, sich auch Einmal um ihre Axe drehen, oder umgekehrt."

„Wir haben gezeigt, dass dieses Verhältniss eine nothwendige Folge des vorausgesetzten besondern Zusammenhangs einer Sphäre mit dem Centro ist; aber hinwiederum auch lässt sich das beständige Zukehren derselben Seite gegen den Hauptplaneten nicht ohne ein besondres, dynamisches, demnach Cohäsionsverhältniss dieser Seite und dadurch des ganzen Nebenplaneten mit seinem Centro begreifen, so dass dieses Verhältniss, ohne das, was wir von der Vertheilung der Monde nach dem Verhältniss der zur relativen sich hinneigenden absoluten Cohäsion bewiesen haben, allein schon hinreichend ist, ein wirkliches relatives Cohäsionsverhältniss der Monde mit ihren Hauptplaneten zu begründen."

Bei allem Spiel mit vier Potenzen und vier Weltgegenden blieb immer die Kugelgestalt zurück und West und Ost bedeuteten doch immer nur zwei Richtungen, die gar nicht als Punkte, noch weniger als Endpunkte einer Linie vorgestellt werden konnten. Jetzt aber tritt zum Glück der Mond vor die absolute Anschauung. An diesem sehen wir immer nur eine Seite, obwohl er sich auch um seine Axe dreht, und plötzlich verwandelt sich dieser Himmelskörper in eine flache glänzende Scheibe, an der man ein Oben, ein Unten, ein Rechts und ein Links, also vier Punkte, vier Pole unterscheiden kann. Doch hören wir die weitere Ausführung zugleich mit der Anwendung dieser Theorie auf die Erde. (A. a. O. S. 170 f.)

„Dass die Inclination der Erdaxe im Lauf der Zeit zugenommen und erst allmählig zu dieser auf sehr enge Gränzen der Veränderlichkeit eingeschlossnen Grösse gelangt sey, ist eine Behauptung, die weder neu ist noch unbeweisbar aus besondern und allgemeinen Gründen. Wollen wir auch nicht die Sagen aller Völker von einer Zeit, in der kein Unterschied der Jahreszeiten auf der Erde war, in Anschlag bringen, — obgleich nothwendig ist zu denken, dass die Revolution, welche durch den eintretenden Unterschied entstand, gross genug war, um sich dem Andenken der ältesten Völker unauslöschlich einzuprägen — so sind doch die bleibenderen Denkmäler, die Reste südlicher Geschöpfe in nördlichen Gegenden, Sibirien, Nordamerika u. s. w. sprechendere Beweise eines solchen Zeitalters und — da Gleichheit der Jahreszeiten mit der jetzigen Stellung der Erde auf der Ekliptik sich nicht verträgt — eines Zustandes, in welchem die Inclination der Erdaxe, wenn nicht ganz $= 0$, (was nicht glaublich), doch wenigstens höchst unbeträchtlich war, ohngefähr, so wie sie sich noch jetzt an dem Jupiter zeigt."

Dass die Annahme von der Veränderung der Inclination der Erdaxe völlig unbeweisbar und dass eine solche Veränderung nach der Gesetzlichkeit, von der die Stabilität unseres Sonnensystems abhängt, sogar unmöglich sey, haben alle ausgezeichneten Astronomen von jeher nachgewiesen. Gründe für eine solche Veränderung existiren auch gar nicht. Die Reste südlicher Geschöpfe in nördlichen Gegenden, von so vielen Gedankenlosen schon für diese Ansicht aufgeführt, beweisen gerade das Gegentheil. Wenn die Erdaxe senkrecht auf der Ekliptik stände, wie der Jupiter, so würde unsere Erde constant die Temperaturverhältnisse zeigen, welche jetzt zur Zeit der Frühlings-Tag- und Nachtgleiche herrschen. Schon in der Breite von Moskau würde also eine mittlere Monatstemperatur von — $4\frac{1}{2}°$ R., in Asien in gleicher Breite eine noch niedrigere Temperatur auftreten[*]. Es wäre daher nicht allein ein Leben südlicher Thiere über diese Breite hinaus völlig unmöglich, sondern es würden auch die unter jetzigen Verhältnissen so häufigen Fälle, dass Thiere der heissen Gegenden, z. B. Tiger, im Sommer bis an die Ufer des Lena und des Jenisei streifen, völlig ausgeschlossen seyn. Um das einzusehen, braucht man aber nur etwas gemeinen Menschenverstand, für den *Schelling* überall in seinen Schriften nicht genug Schimpfreden zu erdenken weiss; die absolute Anschauung lässt sich zu so etwas nicht herab.

Die folgenden Sätze als nicht unmittelbar hierher gehörig übergehe ich und empfehle sie etwa Astronomen zum Studium. Ich gehe daher zu Folgendem über. (A. a. O. S. 178 f.)

„Wir haben zwar schon früher ein Verhältniss der absoluten und relativen Cohäsion zu der allgemeinen Bewegung aufgezeigt, in so weit nämlich, dass wenn in Ansehung der Cohäsion ein Uebergewicht derjenigen der beiden Einheiten, welche in der Aufnahme des Besondern in's Allgemeine ist, stattfindet, auch in Ansehung jener (der allgemeinen Bewegung) ein gleiches Uebergewicht dieser Einheit statthat. Allein wenn die relative Cohäsion für sich Grund einer Bewegung würde, so wäre dadurch eine von der allge-

---

[*] Man vergl. *Berghaus's* physikalischen Atlas.

meinen Bewegungszeit (der Umlaufszeit) der Planeten unabhängige, besondre Zeit gesetzt. Nun strebt aber die Sonne, nach dem zuvor Bewiesenen, nothwendig die Planeten in Bezug auf sich als Besonderes, in der Subsumtion unter ihre Einheit, zu setzen, d. h. die absolute Zeit der Planeten in eine relative und besondre zu verwandeln. — Aber sucht denn nicht auch die Sonne zwischen sich und ihren Planeten dasselbe Verhältniss hervorzubringen, welches die Erde und andre Planeten zu ihren Monden haben?"

„Denn was ist die Axendrehung der Planeten anders als eine Bewegung, hervorgebracht durch das dynamische Bestreben der Sonne, in den Planeten die Polarität in der Richtung der Breite hervorzurufen und so wirklich ein relatives Cohäsionsverhältniss zwischen sich und ihnen hervorzubringen?"

Die Bedeutung „der absoluten und relativen Zeit eines Planeten" bin ich völlig unfähig zu begreifen, aber wenigstens werden die Astronomen aus diesem Satze lernen, was denn eigentlich die „Axendrehung" sey.

A. a. O. S. 180 f.

„Da die absolute — der relativen wieder als das Allgemeine schlechthin entgegenstehende — Cohäsion die Axe der Planeten — als die reine Länge — bestimmt, so kann sich, wie überhaupt, so auch hier, die besondere Cohäsion durchaus nur in der Richtung der Breite ausdrücken."

„Der Umschwung der Planeten um ihre Axe, in welchem sie der Sonne abwechselnd beide Seiten zukehren, ist der Erfolg des — durch die entgegenstrebende absolute Cohäsion — beständig wieder misslingenden Bestrebens der Sonne, mit ihnen in der relativen Cohäsion Eins zu werden. Es ist eine immer hervorgerufene, immer wieder in die Indifferenz der absoluten Individualität zurücksinkende Polarität, welche die Erde um ihre Axe rotiren macht. Könnte dieser Kampf je sich entscheiden, so würde die Erde gleich dem Mond, nur noch in derselben Zeit, in welcher sie den Umlauf um ihr Centrum vollbringt, sich um ihre Axe bewegen, der Tag würde dem Jahre gleich werden, und die Erde allgemein sich zu der Sonne ebenso, wie der Mond zu ihr selbst, verhalten."

Hier sehen wir endlich, wo die ganze Sache hinaus will. Am Monde, der uns nur eine Seite zeigt, können wir (Erdenbewohner) ein Rechts und ein Links, da er uns wie eine gezeichnete Karte erscheint, einen West- und einen Ostpunkt unterscheiden, was aber eben nur für diese Erscheinung des Mondes für uns, nicht für den Weltkörper und für Bestimmungen an ihm Werth hat. Nun soll die Erde einmal in ein ähnliches Verhältniss zur Sonne treten, und dann würde allerdings etwas Aehnliches für die Sonnenbewohner in Bezug auf die Erde gelten können, wenn diese nicht etwa klarere mathematische Anschauung haben, als die Naturphilosophie. Für unsre Erde selbst wäre aber damit immer noch nichts geändert; ob langsamer, ob schneller ist einerlei, genug die Erde würde sich noch immer um ihre Axe drehen und West und Ost behielten ganz dieselbe Bedeutung wie jetzt als Drehungsrichtung. Niemals wird die Erde irgendwo anders, als im Traum eine Landkarte werden, an der man West und Ost als Punkte, also als Pole bezeichnen könnte, wenn man auch noch so nachgiebig gegen diese Vergleichungsspielereien seyn will.

Das Folgende will ich abermals den Astronomen empfehlen, insbesondere kann *Gauss* aus Seite 164—167 noch viel Interessantes über die Abweichung der Magnetnadel lernen, und nur zur Belehrung von *Dove*, der uns in den letzten Jahren so viel Wunderliches über Meteorologie gelehrt hat, theile ich hier folgenden geistreichen Satz mit. (A. a. O. S. 167 f.)

,,Die Wolken, in welchen das Wasser zwischen Sauer- und Wasserstoff schwankt, folgen als bewegliche Magnetnadeln dem allgemeinen Zug, und zeigen, wenn ein schöner Tag bevorsteht, den Morgen dieselbe Abweichung, wie die Magnetnadel, gegen Westen, indem sie sich wahrscheinlich in Wasserstoff (!) auflösen, von Nachmittag an und gegen Abend die Abweichung nach Osten, indem sie sich in Sauerstoff (!) auflösen. Nur wenn die Polaritäten in einander übergehen, und Regen droht, erscheinen sie in der Mitte des Himmels, und zeigen die umgekehrte Ordnung der Abweichung."

„Die Art sowohl der sogenannten Auflösung des Wassers in der Atmosphäre oder vielmehr seiner Aërisation, wie seiner Desaërisation in der Wolken- und Regenbildung wird nach den Ideen der Naturphilosophie über die Natur des Wassers und sein Verhältniss zu der Ost- und Westpolarität aufhören ein Geheimniss zu seyn. Die angebliche Auflösung ist eine Potenzirung des Wassers, die es in der allgemeinen Conjunction der Erde und dem Conflict mit der Sonne fortwährend erhält — eine allgemeine Cohäsionserhöhung der Erde, entgegen dem Princip der Sonne (dem Wasserstoff), und es ist nothwendig, dass diese Potenzirung desto kräftiger und allgemeiner geschehe, die Erde desto mehr strebe, sich in ihrer Besonderheit zu erhöhen, je mehr es der Sonne gelingt, die relative Polarität auf ihr hervorzurufen. Der Uebergang zum Regen in der Wolkenbildung drückt ein Nachlassen der Potenzirung durch die Sonne, und die Rückkehr der Erde zu einem geringeren Cohäsionsgrade, so wie endlich der Regen selbst, den Rückgang der Atmosphäre zur Ost- und West-Indifferenz aus."

Auch in dem Weiteren (bis S. 172) findet *Dove* noch Vieles, was ihn fördern kann.

Ich will hier nur noch Eins auffassen. Nachdem *Schelling* S. 172 bis 174 in zum Theil unverständlichen Formeln mit *Steffens's* Hülfe bestimmt hat, wo denn bei der endlichen Mondwerdung der Erde eigentlich die Dickenpole*) der Erde hinfallen sollen, nämlich der Eine in den nördlichen Theil der östlichen, der Andere in den südlichen Theil der westlichen Halbkugel, so fährt er noch folgendermassen fort. (S. 174 ff.)

„Dass von den beiden zuvor bemerkten Endpunkten der Diagonale derjenige, welcher in den südlichen Theil der westlichen Halbkugel — in das südliche Amerika — fällt, der eigentliche Ansatzpunkt der Sonne sey, wird einen jeden die genauere Betrachtung überzeugen. Dort hat ein unmit-

---

*) Hier haben wir also schon 6 Pole, die ächten, die Breitenpole und die Dickenpole. Wo aber bei dieser Bestimmung der Dickenpole die ächten und die Breitenpole bleiben, hat *Schelling* vergessen zu entwickeln.

telbarer Instinct die eingebornen Menschen zuerst gelehrt, die Sonne anzubeten, indess die Erde inwendig sich in den heftigsten Erschütterungen bewegend ihre Selbstständigkeit beweiset, und die Ausbrüche uralten Feuers diesen Punkt als einen Herd des Lebens bezeichnen. Wie die gegen die Erde gekehrte Seite des Monds ihr die höchsten Berge entgegenstreckt, so erheben sich auch in jenem sonnengeweihten Punkt die höchsten Berge von der Erde, und wie nicht minder Mercurius und Venus die grössten Berge auf derselben Stelle (der südlichen Halbkugel), zeigen, so deutet auch die Folge, welche die Berge derselben in Rücksicht auf das grössere oder kleinere Verhältniss zum Durchmesser beobachten, genau die Folge an, die sie in Rücksicht ihres dynamischen Verhältnisses zur Sonne haben."

Ich weiss nicht, ob *Schelling* eigne Beobachtungen und Messungen der Berge auf der abgewendeten Seite des Mondes angestellt hat, die uns andern armen Erdenkindern für immer völlig unsichtbar ist; halten wir uns aber an die Beobachtungen auf der sichtbaren Oberfläche des Mondes, so zeigt sich uns folgendes Resultat. Zieht man um den Mittelpunkt der Mondscheibe einen Kreis mit einem Halbmesser von 20 Aequatoriallängengraden und nimmt man am Rande ebenfalls eine Zone von gleicher Breite, so ist die mittlere Höhe der Berge in jenem Kreise ungefähr 8127', in jener Zone aber 10577'. Zieht man einen Kreis von 40 Aequatoriallängengraden, so liegen die niedrigsten Gebirge, Hämus, Carpathen und Riphäen (unter 10000') innerhalb des Kreises, die höchsten, Atlas, Alpen und die Gebirge am *Sinus iridum* (über 10000') ausserhalb. Die vier absolut niedrigsten Berge mit einer mittlern Höhe von 1660 Fuss liegen innerhalb, die vier absolut höchsten Berge mit einer mittlern Höhe von 20,076' und mit Ausnahme der Catharina und des Huyghens überhaupt alle Berge über 16000' ausserhalb. Es findet also gerade das Gegentheil statt von dem, was *Schelling* sagt, und der Mond kehrt uns vielmehr seine flächste Seite zu, so wie auch die höchsten Berge der Erde bekanntlich im Himalajah und nicht in den Anden liegen.

So finden wir denn, wo wir nur aufschlagen (und ich fordre Jeden, der nur einige astronomische, physikalische und chemische Kenntnisse besitzt, auf, die ganze Zeitschrift f. spec. Phys. so durchzugehen) überall die Philosophie, angeblich *a priori* construirt, in schreiendem Widerspruch mit dem unmittelbar unumstösslich Gewissen der Erfahrung und es zeigt sich, wie schon erwähnt, dass *Schelling's* Naturphilosophie und die Naturwissenschaften durchaus gar keinen Berührungspunkt haben. Wenn die Naturforscher daher inductiv zu Werke gehen, die Thatsachen gründlich und genau durch Beobachtung zu erforschen suchen, ihnen die Gesetze, unter denen sie stehen, abfragen und so sich von den Erscheinungen langsam, aber sicher bis zu den Gründen dieser Erscheinungen erheben, so haben sie völlig Recht und die ganze sichere Leitung des Lebens durch Astronomie, Mechanik, Physik und Chemie ist ihnen täglicher Zeuge, dass sie nicht umsonst und nicht auf Irrwegen gestrebt. Dagegen mag *Schelling* von seiner Traumwelt aus Recht haben, wenn er ihre ganze Thätigkeit, z. B. die Werke eines *Newton*, *Laplace*, *Tobias Mayer*, *Gauss*, *Schumacher*, *Enke*, *Bessel*, *William Herschel* u. A. für „ein eingebildetes Wissen, das sie in ein System gebracht und als förmliche organisirte Unwissenheit über die ganze cultivirte Welt verbreitet haben" erklärt (Zeitschr. f. d. spec. Phys. I, 1. S. 162), wenn er behauptet, dass es „dieses Schliessen von den Erscheinungen auf den Grund und Wiederherleiten der Erscheinungen aus dem Grunde ist, was in der Physik die ungereimteste Theorie erzeugt hat" (Darlegung des wahren Verhältnisses der Naturphilosophie zur verbesserten Fichte'schen Lehre S. 129). Welche Ungereimtheit könnte im Traum nicht vernünftig erscheinen, welche Abenteuerlichkeit nicht als etwas ganz Natürliches!

Was aus allem diesem folgt, ist nämlich, dass sich die Naturwissenschaft, welche sich auf dem Boden der Wirklichkeit, der Erfahrung bewegt, gar nicht auf *Schelling* einlassen kann und darf, wenn sie nicht ein wesenloses Gespenst mit Degen und Pistolen angreifen und sich dadurch lächerlich machen will. Aber ein anderer Streit ist mit denen, die sich für Naturforscher ausgeben und dabei jene Träumereien geltend machen wollen; denen haben wir bestimmt entgegenzutreten und ihnen zu sagen, dass sie von dem Augenblick an, wo sie mit jenen Traumbildern tändeln, auf den Ernst der Wissenschaft und auf den ehrenhaften Namen eines Naturforschers Verzicht leisten. Nur mit diesen Leuten habe ich es eigentlich zu thun, nicht mit *Schelling*. Ob das, was *Schelling* vorgebracht hat, Wissenschaft, ob es Philosophie ist und ob es Naturphilosophie genannt werden dürfe, ist eine Frage, die die Philosophen auf ihrem Gebiete entscheiden mögen. Wenn er aber die Ausdrücke, die bestimmte fassbare Dinge oder sichere, klar erkannte und längst festgestellte Begriffe in der Naturwissenschaft bezeichnen, in einem Sinne gebraucht, den die Naturwissenschaft als solche nicht fassen kann, der ihn in jedem Augenblick mit dem unmittelbar Gewissen der Erfahrung in die schreiendsten und unauflöslichsten Widersprüche verwickelt, so ist für uns Naturforscher so viel klar, dass *Schelling* selbst jedes Band zwischen sich und uns zerrissen, jede Brücke abgebrochen hat, welche von den Naturwissenschaften in seine Philosophie hinüberführen könnte, und die Naturwissenschaft darf nicht allein, sondern sie muss sogar, wenn sie sich nicht selbst vernichten will, *Schelling* und seine Philosophie völlig ignoriren. Aber ehe ich weiter gehe, wende ich mich hier noch kurz zu *Hegel*.

Jene Schelling'sche Philosophie war nun die Milch der Weisheit gewesen, mit der ein junger Mann sich genährt, welcher im Jahr 1801 in Jena zum Doctor creirt wurde. Die Dissertation, welche er vertheidigte, war überschrieben: *Dissertatio philosophica de orbitis planetarum*. Zweierlei hatte er mit jener Muttermilch eingesogen, einmal die höhere Ueberzeugung, ein grosser Mann und Philosoph zu seyn, und zweitens die Unzulänglichkeit des positiven Wissens. Das Erste setzte den jungen Mann in den Stand, sich über *Newton* lustig zu machen, indem er gleichzeitig von dem Zweiten in seiner Dissertation eine ganze Reihe von Beispielen vorführte. Von jener Dissertation überlasse ich den grössten Theil den Astronomen und Mathematikern, fürchte aber sehr, dass, sollte sie überhaupt einem jener Männer in die Hände fallen, diese den Werth ihrer Zeit zu hoch anschlagen werden, um dem ganzen Gerede gegen *Newton* mehr als ein mitleidiges Lächeln zu schenken. Ich will nur hier den Theil für mich herausheben, der sich mit der Reihe der Planetenabstände und dem Beweis der Unmöglichkeit der Asteroiden beschäftigt, auf den ich in einer Anmerkung meines Buchs aufmerksam machte und dessen Vertheidigung Herr *Nees v. Esenbeck* übernommen hat*). Herr

---

*) Die Stelle in der Recension lautet (S. 475. 476.): „Der Inhalt der Note ist aber ganz derselbe, denn 1) ist die Dissertation *De orbitis planetarum* keineswegs eine speculative Construction des Planetensystems, sondern nur eine Betrachtung der empirischen Verhältnisse desselben nach Anleitung oder mit Anwendung speculativer Ideen. Es verräth also schon von vorn herein die gröbste Unwissenheit, wenn Einer behauptet, *Hegel* habe a. a. O. den Nachweis der Unmöglichkeit der Asteroiden aus Speculation liefern wollen oder zu liefern versucht. Aber noch mehr: jene Beschuldigung ist selbst in dem Sinne eine Unwahrheit, wenn sie sich auch nur die Mühe giebt, zu wissen, *Hegel* habe behauptet, dass es aus irgend einem Grunde so sei. *Hegel* macht nämlich ganz historisch darauf aufmerksam, dass die Astronomen auf ihrem empirischen Standpunkte aus Induction zwischen Mars und Jupiter noch einen Planeten suchten, weil die Abstände der übrigen Planeten nahebei eine arithmetische Progression ausdrückten, welche hier unterbrochen sei. Diese Progression lasse sich aber, da sie blos arithmetisch sei und sich nicht auf Potenzen gründe, nicht philosophisch auffassen oder behandeln (*ad philosophiam nullo modo pertinet*). Es wird also von ihr weder gesagt, dass sie wahr, noch dass sie falsch sei. Darauf geht *Hegel* unmittelbar auf die Zahlen der Pythagoräer und auf die Reihe derselben, nach welcher der Demiurgos im Timäus die Verhältnisse im Universum geordnet haben soll, über, und fährt nach einer Conjectur, welche 8 a. a. O., das nach 9 offenbar unrichtig wäre, in 16 verwandelt, so fort: *Quae series, si verior naturae ordo sit, quam illa arithmetica progressio, inter quartum et quintum locum magnum esse spatium, neque ibi planetam desiderari apparet* (*Hegel's* Werke Bd. VI, S. 28). Dieses und nichts weiter wird über diesen Punkt aufgestellt, und Hr. *Schl.* wird hoffentlich in seinem Lehrbuche der Logik finden, dass sich *Hegel* hier nur einer Hypothese bedient, welche einen speculativen Ausdruck zulässt, und indem sich aus ihr die übrigen Abstände ebenfalls ergeben, das Eigene darbietet, dass sie an der gesuchten Stelle einen Hiatus andeutet, wenn man *Hegel's* Conjectur zulässt, bei der Platonischen 8 aber an dieser Stelle eine Störung der Reihe. Welcher Wahrheitsliebende wird nun *Hegel'n*, der sich hier ganz auf dem empirischen Boden bewegt, eine speculative Blamage nachwerfen, und wer wird nicht lieber das übrigens ungrammatische *sit* ehrend anerkennen, welches offenbar im Sinne des Autors die hypothetische Stellung des Satzes noch schär-

N. v. E. hat aus der Dissertation das mitgetheilt, was **seiner Meinung** nach gerade genügte, um den Lesern meine Unfähigkeit, einen solchen Mann wie *Hegel* zu beurtheilen, klar zu machen. Wie es um das Referat des Herrn *Nees* steht, haben wir oben gesehen. Ich werde so frei seyn, meine Erörterung an noch etwas mehr von der Dissertation anzuknüpfen, als der Herr Defensor anzuführen für gut fand.

Zunächst wollen wir sehen, was *Hegel* mit der fraglichen Stelle eigentlich will. Er sagt S. 4:

„*Denique quid vera philosophia vel in quantitatum determinandis rationibus mathematicis valeat, praeclaro ex antiqua philosophia petito exemplo demonstrem*", und sodann S. 31: „*Superest, ut his quaedam de ratione distantiarum planetarum addam, quae quidem ad experientiam solam pertinere videntur. Verum mensura et numerus naturae a ratione alieni esse nequeunt: neque studium et cognitio legum naturae alia re nituntur, quam quod naturam a ratione conformatam esse credamus, et de identitate omnium legum naturae nobis persuasum sit.*"

Es ist also eine **Unwahrheit**, wenn Herr *N. v. E.* behauptet, dass sich *Hegel* hier „rein auf empirischem Boden bewege." Er **will** vielmehr philosophisch construiren, und

---

fen sollte, so dass sich jener Eingang nur übersetzen lässt: „Wenn jene Reihe die naturgemässere Anordnung enthielte, so würde" u. s. w. Und nun, nachdem zwei Irrthümer eingeschoben wurden, folgt endlich drittens ein illusorischer, nur den Unkundigen überrumpelnder Schlusssatz. **Ist denn wirklich *ein* jene arithmetische Lücke ausfüllender Planet gefunden worden?** Haben wir nicht vielmehr wirklich gestörte Verhältnisse und eine Unterbrechung gefunden, die sich schon in dem Namen Asteroiden zu erkennen giebt? Hätte also *Hegel* wirklich auf speculativem Wege eine solche Unterbrechung des einfachen Fortschrittes der Planetenabstände gefunden, so müsste man ihn geradezu den Entdecker der Asteroiden nennen, weil ja in der Natur auch die Störung zur **Erscheinung** kommen muss, was ganz auf das Wesen dieser Asteroiden passt. Doch wir haben uns schon zu lange bei diesem Punkte aufgehalten, der dafür auch dienen mag, die der speculativen Philosophie angethanen Unbilden mit dem **mildesten** Falle abzuthun."

da ihm dazu die empirischen Verhältnisse nicht passen, so macht er sich willkürlich neue. Sodann erzählt *Hegel* nicht blos historisch, dass die Astronomen in Anerkennung der Lücke in der Progression einen neuen Planeten gesucht, sondern er macht sich gleichsam über die Empiriker lustig, die, wenn sie irgendwo ein Gesetz ahnen, lieber an der Richtigkeit ihrer eignen Beobachtungen zweifeln, als das Gesetz fallen lassen:

„*Illam identitatem rationis et naturae, qui ex experientia et per inductionem leges quaerunt, ubi forte in legis speciem incidunt, ita agnoscunt, ut inventa gaudeant, et si alia phaenomena et parum sint consentanea, de experimentis subdubitent, et utriusque omni modo harmoniam constituere studeant.*“

Sehen wir nun zu, wie der Philosoph seine *vera philosophia* geltend macht und aus der Vernunft, die die Welt erschaffen, uns die Planetenreihe erklärt. Er sagt zunächst von der Reihe der Abstände:

„*Quae progressio quum arithmetica sit, et ne numerorum quidem ex se ipsis procreationem, i. e. potentias, sequatur, ad philosophiam nullo modo pertinet.*“

Weshalb nun eine arithmetische Progression weniger, als eine geometrische eine philosophische Behandlung zulasse, ist nicht wohl einzusehen, und die philosophische Bedeutung der Potenzen gehört mit zu den Seltsamkeiten, die der junge Mann in seiner philosophischen Schule gelernt; ich will darüber hier nichts weiter sagen. Ich bleibe bei den Thatsachen. Er nennt die Reihe der Planetenabstände eine arithmetische und sein gutmüthiger Defensor schreibt es ihm ruhig nach. Die Reihe ist folgende (in jeder Astronomie zu finden):

$$
\begin{aligned}
\text{Mercur} &= 4 &&= 4 \\
\text{Venus} &= 4 + 2^0 \cdot 3 &&= 7 \\
\text{Erde} &= 4 + 2^1 \cdot 3 &&= 10 \\
\text{Mars} &= 4 + 2^2 \cdot 3 &&= 16 \\
\ldots &= 4 + 2^3 \cdot 3 &&= 28 \\
\text{Jupiter} &= 4 + 2^4 \cdot 3 &&= 52 \\
\text{Saturn} &= 4 + 2^5 \cdot 3 &&= 100 \\
\text{Uranus} &= 4 + 2^6 \cdot 3 &&= 196.
\end{aligned}
$$

Der Philosoph weiss nun nicht, dass die Reihe in der That eine nach den Potenzen von 2 fortschreitende ist, er nennt sie in trauriger mathematischer Unwissenheit eine arithmetische und da diese *ad philosophiam nullo modo pertinet*, so sucht er eine andere. Zu Grunde legt er die folgende: 1. 2. 3. 4. 9. 16. 27. Woher nimmt er nun aber diese Reihe? Aus dem *Timaeus*. „Hier heisse es, der *Demiurgos* habe nach der Reihe 1, 2, 3, 4, 9, 8, 27 die Welt erschaffen." *Hegel* sagt: „16 *pro* 8 *quem legimus ponere liceat.*" Herr *Nees* ist damit noch nicht zufrieden und setzt hinzu: „welche 8 nach 9 offenbar unrichtig wäre." Es ist wahrlich schwer bei solchen Sachen die Geduld nicht zu verlieren. *Hegel* und sein Defensor kennen vom ganzen *Timaeus* offenbar nicht einmal die Zeile, welche jene Reihe enthält, die *Hegel* wohl nur aus einer Geschichte der Philosophie abgeschrieben. Beide müssen glauben es stände im *Timaeus* wirklich 1, 2, 3, 4, 9, 8, 27 mit Zahlen ausgedrückt. Es heisst aber im *Plato* πέμπτην δὲ τριπλῆν τῆς τρίτης (d. h. das Dreifache der 3) τὴν δ' ἕκτην τῆς πρώτης ὀκταπλασίαν (d. h. das Achtfache der Eins). Hier hat keine Handschrift eine Variante und es lässt sich auch in der That schwer eine Möglichkeit denken, wie bei einer solchen Beschreibung der Zahl eine Verwechselung von 8 und 16 sich sollte eingeschlichen haben. — Liest man aber im Zusammenhang, so sieht man leicht, dass die Reihe aus den beiden einfachen Proportionen 2 : 4 = 4 : 8 und 3 : 9 = 9 : 27 zusammengesetzt ist, dass *Plato* mit diesen einfachen Zahlenverhältnissen z. B. $1 + 2 + 3 + 4 + 8 + 9 = 27$ und dergleichen, so wie mit den musikalischen Intervallen, die in diesen Zahlen ausgedrückt sind, spielt, dass die Reihe nachher „der Länge nach" in zwei zerspalten und in der einen dieselben Zahlen in zwei Reihen aufgenommen werden, nämlich 2. 4. 8. 3. 9. 27. u. s. w.*), mit einem Worte, dass es gar keinen Sinn giebt, wenn man an dieser Stelle 16 statt 8 setzt.

Aber weiter, wenn wir nun auf die im Anfang mitgetheilten Sätze, besonders auf das Versprechen des Beweises *quid*

---

*) Man vergl. *Stallbaum's* Ausgabe des *Timaeus*, *Boeckh* in *Daub* und *Creuzer's* Studien und *Fries* Platons Zahl etc. Heidelberg 1823. S. 24 ff.

vera philosophia valeat zurückgehen, so lässt sich das schlechte Latein der folgenden Sätze:

„*Quae series si verior naturae ordo sit, quam illa arithmetica progressio, inter quartum et quintum locum magnum esse spatium, neque ibi planetam desiderari apparet*" nur so übersetzen:

„Da diese Reihe nun die richtigere Naturordnung seyn wird, als jene arithmetische Progression, so ist es klar, dass zwischen dem vierten und fünften Ort ein grosser Zwischenraum ist und dass man dort keinen Planeten zu suchen habe. Denn man wird finden (fährt *Hegel* fort), damit ich's kurz mache, dass die Kubikwurzeln der Biquadrate jener Zahlen die Zahlen der Planetenabstände geben."

„*Horum autem, ut breviter reliqua tradamus, numerorum quadratoquadratorum radices cubicas (ne unitatem omittamus, $\sqrt[3]{3}$ pro ea ponatur)*
1, 4 .. 2, 56 .. 4, 37 .. 6, 34 .. 18, 75 .. 40, 34 .. 81
rationes distantiarum planetarum esse invenies."

Etwas weiter unten vergleicht er noch, damit er ja nicht missverstanden werde, die Monde des Saturn mit den Planeten und sagt: „*Quintus satelles ut quintus planeta formalem progressionem mutat.*"

Endlich ist es auch wieder thatsächlich falsch, dass die so gefundene Reihe der Reihe der Planetenabstände entspreche, wie Jeder leicht nachrechnen kann*).

---

*) Wie muss es nun um die Wahrheitsliebe eines Mannes bestellt seyn, welcher dergleichen durch einen lateinischen Sprachschnitzer und ein schlechtes Wortspiel zu vertheidigen sucht, der in seiner eignen Kenntnisslosigkeit sogar seinem Clienten noch Dummheiten aufbürdet, an die er nie gedacht. *Nees v. Esenbeck* sagt nämlich, *Hegel's* Satz: „*Horum autem — esse invenies*" weglassend: „dieses und nichts weiter wird über diesen Punkt aufgestellt." Dann wäre also *Hegel* so unwissend gewesen, die Reihe 1, 2, 3, 4, 9, 16, 27 für eine in Potenzen fortschreitende zu erklären, da er eine solche Reihe ausdrücklich fordert. Aber so viel rechnen konnte doch wenigstens *Hegel* (wenn auch Herr *Nees* nicht), dass er von diesem Vorwurf frei bleibt. Dass Herr *Nees* in seiner Recension aber diese Reihe gar für die der Planetenabstände selbst hält („dieses und nichts weiter —

So trat der junge Mann zuerst auf, der später eine Zeitlang als ein Meteor der Salon- und Modephilosophie glänzte, mit der arroganten Ueberhebung, in welcher er Männer wie *Newton* schulmeisterte, ohne sie nur entfernt verstehen zu können, die auffallendste Mangelhaftigkeit positiver Naturkenntnisse verbindend. Diese letztere hat er auch später nicht verbessert, und indem er keck über Astronomen, Mathematiker und Physiker aburtheilt, zeigt er, wie er die gewöhnlichsten Dinge nicht einmal begreifen kann. Um nur ein Paar Beispiele anzuführen, will ich erwähnen, wie er (Encyklopädie 3te Ausgabe S. 255 ff.) ein langes sehr confuses Raisonnement über den „Fall" giebt, ohne dass er im Stande wäre, die currentesten mathematischen Begriffe zu fassen (S. 255. Den Begriff der beschleunigenden Kraft)*), oder indem er den Sinn ganz gebräuchlicher Formeln nicht versteht (S. 257. $\frac{V}{t} = \frac{S}{t}2$ als Formel für die gleichförmig beschleunigte **Geschwindigkeit**, während es doch nur die **Beschleunigung** für gleichförmig beschleunigte Bewegung misst), oder endlich ganze

---

Störung der Reihe") ist wahrlich zu scurril, um nicht noch ausdrücklich darauf aufmerksam zu machen.

*) Dasselbe noch wunderlicher und verworrener S. 267, wo er von gleichförmig beschleunigter und gleichförmig **retardirter** Bewegung der Planeten und von einer abwechselnden Abnahme und Zunahme der Grösse der Centripetal- und Centrifugalkraft spricht, ein Unding, an das kein Newton'scher Astronom je gedacht hat. Nicht einmal so viel versteht *Hegel* von der Sache, dass er die Gravitationskraft selbst von ihrer Wirkung auf einen bestimmten Körper unter bestimmten Verhältnissen zu unterscheiden im Stande ist. Die ganze Gravitation ist im Aphelium gerade so gross wie im Perihelium, aber ein bestimmter Körper von constanter Masse wird von ihr im Aphelium um so viel weniger, als im Perihelium afficirt, als eine Kugelfläche im Durchmesser des Aphelium grösser ist, als eine solche im Durchmesser des Perihels. Ebenso geht's mit dem, was *Hegel* Centrifugalkraft nennt, deren Wachsen und Abnehmen aber nichts ist, als die **Erscheinung ihrer Wirkung an einem gegebenen Körper**. Grundkräfte für sich nehmen weder ab noch wachsen sie. *Hegel* muss auch meinen, dass die Anziehungskraft der Erde stärker würde, wenn er den Stein vom Tisch herabfallen lässt, als so lange er noch darauf liegt.

Probleme mit einander verwechselt, z. B. S. 263. Hier heisst es: „Im dritten Keppler'schen Gesetz ist $\frac{A^3}{T^2}$ die Constante. Dies als $\frac{AA^2}{T^2}$ gesetzt, und mit *Newton* $\frac{A}{T^2}$ die allgemeine Schwere genannt, so ist dessen Ausdruck von der Wirkung dieser sogenannten Schwere im umgekehrten Verhältnisse des Quadrats der Entfernungen vorhanden." Nun ist aber $\frac{A}{T^2}$ gar nicht der Ausdruck für die Wirkung der Schwere, sondern der Beschleunigung für die Wurfbewegung im Kreise. Solche Dinge, die jedem Realschüler die Weisung zuziehen würden, lieber eine andere Carriere zu ergreifen, hat man sich von *Hegel* gefallen lassen. S. 291 der Encyklop. sagt *Hegel*, wo er von der specifischen Schwere spricht:

„Ein Beispiel von existirendem Specificiren der Schwere ist die Erscheinung, dass ein auf seinem Unterstützungspunkt gleichgewichtig schwebender Eisenstab, wie er magnetisirt wird, sein Gleichgewicht verliert und sich an dem einen Pole jetzt schwerer zeigt als an dem andern. Hier wird der eine Theil so inficirt, dass er ohne sein Volumen (?) zu verändern schwerer wird; die Materie, deren Masse (?) nicht vermehrt worden, ist somit specifisch schwerer geworden."

Jeder Magnet zeigt Inclination, d. h. es wird magnetisch (nicht durch die Schwere) sein einer Pol vom gleichnamigen magnetischen Pol der Erde stärker angezogen als der andere, sobald er nicht gegen die locale und momentane Stärke der Inclination aequilibrirt ist. Dasselbe zeigt natürlich also auch jeder aequilibrirte Eisenstab, sobald er ein Magnet wird. Das lehrt jedes Handbuch der Physik. Damit vergleiche man obigen Satz *Hegel's* und sage mir, ob es ausser dem Dilemma grober Unwissenheit, oder trauriger Beschränktheit noch ein Drittes giebt. Ist es aber nicht ein seltsamer Missverstand, grosse philosophische Tiefe bei einem Manne zu suchen, der nicht einmal so einfache Sachen begreifen kann. Gehört denn nicht zum Beruf eines Philosophen mindestens ebenso viel Einsicht und Fassungsvermögen als zum Beruf eines Gewerbschülers? Er selbst sagt (Encykl. S. 8): „Die Uebereinstimmung der Philosophie mit der Wirklichkeit und der Erfahrung ist nothwendig und diese Uebereinstimmung kann für einen wenigstens äussern Prüfstein der Wahrheit einer Philosophie angesehen werden." Somit hätte an solchen Sachen die ganze Philosophie von vorn herein Schiffbruch leiden müssen, wenn nicht **gründliche** positive Kenntnisse ausser der Fachwissenschaft zu selten wären. Männer von Fach haben es aber nicht für der Mühe werth gehalten, die Unbeholfenheit, mit welcher *Hegel* ihre Wissenschaft missverstand und verdrehte, auch nur einiger Aufmerksamkeit zu würdigen.

Hegel's ganze von *Michelet**) herausgegebene Naturphilosophie ist eine solche Perlenschnur der gröbsten empirischen Unwissenheit oder besteht nur aus kläglicher Kritik und urtheilslos zusammengestellten Excerpten. In der Lehre von der Befruchtung der Pflanzen bringt er nichts vor als die längst von allen gründlichern Forschern verlachten und verlassenen Albernheiten *Schelver's* und *Henschel's*. S. 555 heisst's: Mit der Stimme hängt die animalische Wärme zusammen. S. 564: Der **Knochen, d. h. die der Gestalt als solcher angehörige Sensibilität**, ist, wie das Holz der Pflanze, die einfache und darum todte Kraft, die noch nicht Process, sondern abstracte Reflexion in sich ist. Es ist aber zugleich das in sich reflectirte Todte, oder es ist **das vegetabilische Knospen**, das sich selbst so hervorbringt, dass das Hervorgebrachte ein anderes wird. — Seine Gestalt ist, **zuerst Knochenkern zu seyn; denn so fangen alle Knochen an** (!). Die Knochenkerne vermehren sich und ziehen sich in die Länge, **wie der vegetabilische Knoten zur Holzfaser wird** (!). An den Extremitäten der Glieder bleiben die Knochenkerne (!); sie haben das Mark in sich, als ihren noch nicht eigens herausgebornen Nerven (!!). — S. 576: Die Blutkügelchen kommen nur beim Sterben des Blutes zum Vorschein, wenn das Blut an die Atmosphäre kommt (!). Ihr Bestehen ist also eine **Erdichtung**, wie die Atomistik, und

---

*) Wie der Herr, so der Knecht! *Michelet* rühmt S. IX. der Vorrede, durch *Hegel's* Bemühungen sey doch der „**Schallstoff**" aus der Physik verschwunden.

ist auf falsche Erfahrungen*) gegründet, wenn man nämlich das Blut gewaltsam hervorlockt (!) u. s. w. Was kann man darüber anders sagen als: „Das klingt alles recht ungemein und hoch, aber wär's nicht besser, Ihr guten Kinderchen gingt erst in die Schule und lerntet etwas Ordentliches, ehe ihr Naturphilosophien zusammenschreibt über Dinge, von denen Ihr noch nicht die leiseste Ahnung habt?"

Da *Hegel* überhaupt keinen einigermassen bedeutenden Einfluss auf die Naturwissenschaften ausgeübt, so kann ich mich um so mehr mit dem hier Gesagten begnügen, da er ohnehin selten so bestimmt empirische Thatsachen berührt, dass man darauf sich einlassen könnte; seine wunderlichen Formeln treten aber in ihrer scholastischen Leerheit zwar selten mit der Erfahrung in Widerspruch, können dieser aber auch gar nichts geben, und so ist das ganze Analysiren derselben eine unfruchtbare Arbeit. Ich will nur beispielsweise noch folgende Definitionen anführen. S. 573: „Das Blut, als die axendrehende, sich um sich selbst jagende Bewegung (!), dies absolute In-sich-Erzittern ist das individuelle Leben des Ganzen, in welchem nichts unterschieden ist — die animalische Zeit. Alsdann entzweit sich diese axendrehende Bewegung in den kometarischen und atmosphärischen und in den vulkanischen Process. Die Lunge ist das animalische Blatt, welches sich zur Atmosphäre verhält, und diesen sich unterbrechenden und herstellenden, aus- und einathmenden Process macht. Die Leber dagegen ist das aus dem kometarischen in das Fürsichseyn, in das lunarische Zurückkehren, es ist das seinen Mittelpunkt suchende Fürsichseyn, die Hitze des Fürsichseyns, der Zorn gegen das Andersseyn und das Verbrennen desselben."

Ich möchte wohl wissen, was eine Examinationscommission dazu sagen würde, wenn der Candidat des medicinischen Staatsexamens auf die Frage: was ist die Leber? die obige Definition zur Antwort gäbe.

Ehe ich nun etwas ausführlicher das Verhältniss der so-

---

*) Also das sichtbare Circuliren der Blutkörperchen im unverletzten Thier ist eine falsche Erfahrung. Solches sinnlose Geschwätz haben im Jahr 1842 noch sogenannte Gebildete für tiefe philosophische Weisheit gehalten.

genannten speculativen Philosophien zur Naturwissenschaft und
die aus ihrer Vermengung hervorgehenden verwirrenden Folgen
darstelle, will ich noch einige Beispiele aus *Nees v. Esenbeck's*
Handbuch der Botanik, welches 1820, also noch in der Glanzperiode der Schelling'schen Naturphilosophie erschien, vorführen.

Bd. I. S. 6 und 8 führt *Nees* zunächst die von *Schelling*
entlehnten 4 Weltpole ein. Hier ist nicht die allmälige Ueberführung durch auteinander folgende Vertauschung der Bilder,
wie bei *Schelling*, sondern es wird gleich in ganz naiver Unwissenheit von zwei Axen gesprochen, die senkrecht auf einander stehen, von denen die Pole der einen (Ost und West)
beim Umdrehen den Aequator erzeugen, als ob Ost und West
nur am Aequator gelte, als ob das Umdrehen eines Kreuzes um
einen Arm je eine Kugel bilden oder an der Kugel mehr als
ganz willkürlich erfundene Linien ziehen könnte. Ja nicht zufrieden damit wird uns S. 17 noch versichert, dass der Nordpol
dem Centrum der Schwere (der Sonne?) näher ist als der Südpol. S. 18 heisst es wörtlich:

„Derjenige Pol der Breite oder nach geographischer
Messung der Länge, der in der nördlichen Winternacht die
Mitternachtsstunde bezeichnet, heisse Mitternachtspol, der
entgegengesetzte aber Mittagspol, so dass Mittag und Mitternacht im relativen Gegensatze sich wie Peripherie und
Sonnenbrennpunkt der Bahn verhalten."

Kann da noch irgend ein nur halbweg Unterrichteter zweifeln, dass „es Schriftsteller giebt, die so rein toll sind, dass
man nur einige Stellen aus ihren Werken mitzutheilen braucht,
um sie literarisch an den Pranger zu stellen?" Hier ist nicht
von „dem Schluss einer Combinationsreihe", nicht von „ein
Paar Sätzen aus einer philosophischen Betrachtung" die Rede.
Hier ist eine einfache, ganz selbstständig dastehende Definition.
In der Naturphilosophie ist doch mit Pol der Breite wenigstens
etwas dunkel angedeutet, aber hier vernichtet der Zusatz:
„nach geographischer Messung der Länge" die letzte Spur
eines Sinns. Die geographische Messung hat nie einen Längepol gekannt und kann zu einer solchen Albernheit niemals kommen. Aber nun gar die folgenden Worte: „der in der nörd-

lichen Winternacht die Mitternachtsstunde bezeichnet." Hier versagt uns die Sprache den Ausdruck. Es giebt eben nur Mitternachtsstunden für bestimmte Längengrade (Meridiane); die nördliche Winternacht hat keine Mitternachtsstunde als solche, sondern nur für irgend einen gegebenen Ort und für den Pol gar keine, weil alle Meridiane in ihm zusammentreffen.

Aber mit alle dem hat Herr *Nees* noch nicht genug gethan.

,,Die Erde ist im Süden weiter ausgedehnt, als im Norden. Der Nordpol fällt also, räumlich betrachtet, dem Gleichungspunkt (Indifferenzpunkt) der Länge (der Axe) näher als der Südpol, und da dieser Gleichungspunkt zugleich Schwerpunkt ist, so stellt der Nordpol unter allen Polen am meisten den Schwerpunkt der Erde dar. Der Schwerpunkt stellt aber die Erde selbst dar, als für sich seiend. — Dem Schwerpunkt gegenüber dehnt sich die Axe mehr aus und der Südpol entfernt sich dadurch weiter vom Schwerpunkt der Erde als der Nordpol. Er stellt dadurch im Gegensatze die Erde dar als nicht für sich seiend, sondern für einen andern Schwerpunkt. Sie hat aber keinen Schwerpunkt ausser sich, als den ihrer Bahn. Dieser Schwerpunkt heisst Sonne; die irdische Form (Erscheinungsweise) der Sonne heisst Licht. — (Die Sonne scheint, der Mond scheint.) Der Südpol ist also der Lichtpol, oder der excentrische Pol der Erde."

Nirgends zeigt sich deutlicher als hier, dass diese angebliche speculative Philosophie nur ganz gedankenlos Wörter und Phrasen combinirt, ohne auch nur den geringsten Sinn damit zu verbinden. Wenn der Schwerpunkt der Erde wirklich dem Nordpol näher läge, so würde, wenn man versucht, sich in diese völlig sinnlosen Worte einigermassen hineinzudenken, als unausbleibliche Folge davon bei übrigens gleichbleibenden Verhältnissen die Erdaxe mit der Ekliptik zusammenfallen, gerade der Nordpol beständig der Sonne zugekehrt seyn, der Südpol aber in beständiger Nacht verharren. Aber die ganze Entdeckung des dem Nordpol nähern Schwerpunkts der Erde ist eine schon einfach durch das constante Gleichgewicht der Erde widerlegte Unwissenheit, deren Ursprung in der dunkeln Erinnerung an das grössere Areal des Landes am Nordpol, oder an die frühern unvollkommnen Gradmessungen nachzuweisen nicht der Mühe lohnt. Es heisst zu viel von solchen Träumern verlangt, dass sie einige elementare Kenntniss der physischen Geographie und Astronomie besitzen sollen.

Ferner heisst es S. 21:

„**Der Mitternachtpol** ist der (**ideale**) **Punkt**, in welchen die Mitte der Nordpolar-Nacht fällt; sein Wesen ist reine Verschlossenheit, seine **objective Form Finsterniss**, die **subjective Traumleben**. Wenn der ihm in der Axe entsprechende **Nordpol** ewigen **nächtlichen Winter** sucht und dadurch den Rest der Idealität (des Alllebens) der Erde in den **langen Tag eines kurzen Sommers** ausscheidet, so sucht dagegen der wandelbare **Mitternachtspol** nur auf einen **Augenblick** die Nacht in ihrer **intensiven Fülle**, und einen einzigen tiefen Traum, der, wenn er zum zeitlichen Bewusstsein gelangen könnte, alles Dasein durchdringen würde." (!)

Ja auch mit den vier Weltpolen ist Herr *Nees* noch nicht zufrieden. S. 333 ff. lässt er den Saft in den Intercellulargängen circuliren (was bekanntlich jede Beobachtung widerlegt), diesen giebt er **drei** Wände (bekanntlich haben sie wie's kommt auch 4—5) und lässt nun den Saft durch eine gar **dreipolige** Einwirkung der Zellen verändert werden. Herr *Nees* hat wahrscheinlich irgendwo eine Linie mit drei Enden entdeckt.

Ich würde mir wohl verdienten Tadel meiner Leser zuziehen, wollte ich sie länger mit derlei Sachen unterhalten. In diesem Tone geht aber die ganze Einleitung fort, welche Herrn *Nees* beliebt eine philosophische Betrachtung zu nennen.

S. 31 m. wird philosophisch construirt, dass das Spiralgefäss nur aus der Spiralfaser (ohne umgebende Zelle) bestehen könne; es muss die Spiralfiber eine mehr oder weniger verflachte, zu einer gedehnten Röhre sich windende gestreckte Zelle seyn.

S. 352 giebt dann Folgendes:

„**Die poröse Zelle verhält sich zur geschlossnen Zelle, wie das Gefäss zur Zelle.** Gäbe es nun auch unter den Gefässen eine **tiefere Form**, die sich wie **Zelle** verhielte, und eine **höhere**, die sich zu jener wie

Gefäss zu Zelle darstellte, so müsste sich diese letzte und höchste Form durch einen arithmetischen Satz erschliessen lassen. Nennen wir nämlich die Zelle C, das Gefäss V, die porösen Zellen P, so verhält sich

$$C : P = V : \frac{PV}{C}.$$

Nun ist aber $P = C \times P$, nämlich poröse Zelle, das Glied $\frac{PV}{C}$ lässt sich also auch aussprechen als $\frac{(C \times P) V}{C}$ das ist, als PV, oder

$$C : P = V : VP.$$

Zelle : poröser Zelle $=$ Gefäss : x. Wir werden demnächst die Bedeutung dieser Formel aufsuchen."

Einem Mathematiker brauche ich das Sinnlose, das hier in der Anwendung und Durchführung der Formeln liegt, nicht zu entwickeln. Dem Laien wird es selbst klar seyn, dass, wenn $C =$ Zelle, $P =$ poröse Zelle ist, P nicht auch zugleich $= C \times P$ seyn kann, wie leicht aus einer Zahlensubstitution sich zeigt $2 : 4 = 4 : 8$; wenn P nun 4 bedeutet, kann es nicht auch 2×4 bedeuten. Man muss so unwissend in aller Mathematik seyn, wie Herr *Nees*, um dergleichen nur hinschreiben zu können. Aber neben dieser Unwissenheit kommt eine in's Weite gehende Charlatanerie, denn nachdem hier **scheinbar** hypothetisch in eine Formel ohne Sinn das Positive der für Erfahrung gehaltenen Unwissenheit des Herrn *Nees* hineingelegt ist, folgt S. 392 und 393 Folgendes:

„Das Ringgefäss ist also die **tiefste Form** der Gefässe. Aber das **Tiefste**, die **Längenrichtung** im Gefässsystem **Verlassende**, das **rosenkranzförmige** — das **Ringgefäss**, — sind eben durch diesen ihren Character **in dem Höheren**, — dem Gefässsystem, als Ganzes betrachtet, — die **Nachbilder des Tieferen, des Zellgewebes**. Man sehe nun zurück auf diesen §., 10. *m. δ*. Zus.: die **einfache geschlossne Zelle**, C, verhält sich zur **porösen Zelle**, P, wie das **tiefere, zellenähnliche Gefäss**, V, zum **höheren vollendeten Gefäss**. Nach der Formel:

$$C : P = V : \frac{PV}{C} = \frac{C \times PV}{C} = PV.$$

Nun ist aber $V =$ **Ringgefäss**, oder tiefste zellenähnliche Gefässform; PV ist folglich $=$ eine **Potenzirung des Ringgefässes durch die poröse Zelle**, oder eine **Identificirung beider**, und die oben hypothetisch abgeleitete Formel hätte sonach in dem **porösen Gefäss eine reale Darstellung gefunden**. Das poröse Gefäss ist in der Einung der beiden polaren Systeme des Pflanzenkörpers Zeichen der **höchsten innern Selbstbeziehung ihres Lebens**, Verbindungsglied ihres innern Grundes und Bodens mit dem Product und lebendigen Organ ihres erdsonnigen Wachsthums."

Und was ist nun durch diese Escamotage gewonnen? Dass Herr *Nees* seine damalige kahle Unwissenheit in der Pflanzenanatomie *a priori* abgeleitet und demonstrirt hat, denn wir wussten schon damals durch *Bernhardi*, dass jedes Spiral- und Ringgefäss eine eigne Membranzelle habe, und wissen längst, dass die Kieser'sche Darstellung des porösen Gefässes auf einem Irrthum beruht.

Bd. 2. S. 238 ff. soll uns „die tiefere Verständigung" der Antheren eröffnet werden und hier wird construirt, wie die kolbigen Endungen der Gefässbündel im Farrenblatt Antheren seyen, die aber wie die Gefässe nur die **allzeugende Luft** führten, und S. 257 wird es als ganz natürlich nachgewiesen, dass bei Orchideen und Asclepiadeen der Pollen von Aussen in die Antheren hineinwachse. Ich mag hier nicht mehr excerpiren; mag Jeder, der Lust hat, sich das Buch selbst ansehen, sehen, mit welcher Suffisance die grössten Falschheiten oder Albernheiten mit wichtig und philosophisch thuenden Phrasen*) oder unverständlichen und unsinnigen Formeln demonstrirt werden. Ja Herr *Nees*, der in dem ganzen Buche nur mit For-

---

*) Nicht das Allertrivialste wird ohne lächerliche Gespreiztheit vorgetragen. So heisst es bei den netzförmigen Gefässen: „Die Grösse der Oeffnungen steht im umgekehrten Verhältniss mit der Menge" (als besondere Weisheit durchschossen), als wenn sich das nicht von selbst verstände; bekanntlich ist ein $1/4$ allemal kleiner als $1/2$.

meln und Phrasen tändelt und nie etwas selbst beobachtet hat, was nur der Mühe werth wäre mitzutheilen, ist sogar so anmassend, den treu und fleissig beobachtenden *Mirbel* zu meistern und zu sagen, **seine Darstellung des Bastnetzes sey nur durch ein Abirren des bildenden Anschauungsvermögens entstanden und sey eigentlich ein Product der Intercellulargänge.** *Risum teneatis amici!*

Das sind die Früchte der Anwendung einer sogenannten Naturphilosophie auf einen der edelsten und schönsten Zweige der menschlichen Bildung, auf die wissenschaftliche Erkenntniss der Natur. Die Verrenkung und Verstümmelung der so klaren und sichern Disciplinen hat man den gläubigen Schülern für höhere Weisheit verkauft, dadurch für längere Zeit den Fortschritt der organischen Naturwissenschaften auf traurige Weise gehemmt und, was das Schlimmste ist, bei dem erweckten Glauben an eine prätendirte höhere Weisheit das Streben nach **gründlichen positiven Kenntnissen**[*]) für lange Zeit gelähmt und zurückgehalten. Wenn neuere bedauerliche Missgriffe diese schon allmälig verhallenden Klänge von Neuem zu lauten, dissonirenden Misstönen in den Naturwissenschaften angeregt haben, so wird es um so mehr unerlässliche Pflicht jedes ächten Naturforschers und insbesondere jedes Jugendlehrers, die Naturwissenschaften gegen das abermalige Eindringen dieser Verkehrtheiten möglichst zu vertheidigen, die strebende und geistige Förderung suchende Jugend ernst zu ermahnen, dass sie sich nicht durch den äussern Reiz, in welchen einzelne mit dichterischer Phantasie begabte Männer diese gehaltlosen Formelspiele einkleiden, verleiten lassen, ihre gesunde und gründliche wissenschaftliche Ausbildung dem Scheine aufzuopfern.

Mir sey es hier noch vergönnt, die Hauptfehler hervorzu-

---

[*]) Man braucht ja nur die oben z. B. aus *Nees*' Handbuch der Botanik und bei Gelegenheit der Hegel'schen Dissertation mitgetheilten Beispiele genauer zu betrachten, um einzusehen, dass es sich hier gar nicht etwa um tiefe Gedanken, um schwierige philosophische Probleme, bei denen ein Für und Wider, ein wissenschaftlicher Zweifel und daher eine Erörterung möglich wäre, sondern allein um ganz rohe, schülerhafte Unwissenheit handelt.

heben und kurz zu charakterisiren, die aus der Anwendung jener Philosophie auf die Naturwissenschaften hervorgehen. Dabei muss ich jedoch, um jedem Missverständnisse vorzubeugen, noch ausdrücklich bemerken, dass es hier nicht im Entferntesten meine Absicht ist, mich in philosophische Deductionen und Begründungen einzulassen. Meine Aufgabe ist mit dem Vorigen gelöst, nachzuweisen, wie *de facto* jene Philosopheme für die Förderung der Naturwissenschaften nicht anwendbar, vielmehr nur hemmend und verwirrend erscheinen können. Was ich im Folgenden sage, sind nur eben die Andeutungen der hervortretenden Fehler, rein vom Standpunkt der Kant-Fries'schen Philosophie aus beurtheilt; sie können höchstens zeigen, welche Probleme vorliegen, deren Lösung zu geben ist. Die Begründung und Entwickelung muss ich der Philosophie selbst überlassen und Jeden, der wirklich die Absicht hat zu lernen und nicht schon im Voraus weiss oder zu wissen glaubt, auf die Werke von *Kant* und *Fries* selbst verweisen. Jeder Streit um ein Philosophem kann nur in doppelter Weise geführt werden, wenn er nicht leeres Hin- und Herreden bleiben soll. Entweder zeige ich den Widerspruch der letzten Folgen mit den unmittelbar gewissen Thatsachen, woraus folgt, dass es entweder in sich consequent und folglich in seinen höchsten Principien falsch, oder inconsequent und folglich unwissenschaftlich und unphilosophisch seyn muss. Dies habe ich oben versucht. Oder man geht bis auf die höchsten Principien zurück und weist die Nichtigkeit oder Falschheit derselben auf, woraus denn folgt, dass entweder das ganze Philosophem nichts taugt, wenn es consequent durchgeführt ist, oder unwissenschaftlich und unzusammenhängend ist, wenn etwa richtige Folgesätze sich einmischen, die natürlich nicht aus falschen Obersätzen folgen können. Dies Letztere muss ich den Philosophen überlassen. *Fries* hat es in den später anzuführenden Schriften ausführlich gethan, worauf ich verweise.

Ich gebe hier nur folgende Andeutungen. Zunächst gehört hierher das dogmatische Vorurtheil im Gegensatz gegen die richtigen Maximen der Induction. Nur eine gründliche empirisch-psychologische Orientirung kann uns die Stellung der menschlichen Erkenntnissthätigkeit zu den Gegenständen derselben klar machen. Daraus erkennen wir mit erfahrungsmässiger Sicherheit, wo wir constitutive Principien der Wissenschaft haben, also dogmatisch verfahren können, und wo nicht. So finden wir, dass die einzelnen Disciplinen auf höchst ungleichen Stufen der Vollendung stehen, dass, während die reine Bewegungslehre, gleichsam das Meisterstück der menschlichen Geistesentwicklung, fertig und abgeschlossen da liegt, gerade in den rein empirischen Disciplinen, insbesondre von den Organismen, wir noch kaum den Eingang in die Wissenschaft gefunden und zwar gerade von der Seite aus, die dem Punkte, wo die constitutiven Principien allein liegen können, *e diametro* entgegengesetzt ist, dass wir also noch den längsten Weg bis zur Vollendung zurückzulegen haben, und dass wir hier ausschliesslich durch inductive Methoden fortkommen können.

Es fehlt hier im Allgemeinen an einer richtigen Orientirung über die Aufgaben des menschlichen Erkenntnissvermögens und den Mitteln zu ihrer Lösung und man sucht die letztere daher dort, wo sie nie gefunden werden kann. Es ist die alte und stets wieder auftauchende Verwechselung von Gehalt und Form und der leere Wahn, als könne jemals durch die letztere auch die erstere an unsere Erkenntniss gebracht werden, während aller Gehalt doch ewig nur aus der Erfahrung gewonnen werden kann und daher jede Form für sich leer bleibt. Gründliche Tiefe und lebendige Beweglichkeit können wir uns nur dadurch sichern, dass wir alles Systeme- und Theorien-Schmieden bei Seite werfen, denn Systeme und Theorien sind die Vorhänge, hinter denen sich von jeher schwerfällige Bornirtheit und gedankenleere Seichtigkeit versteckt haben und allein verstecken können. Gerade bei der lebendigen Entwicklung, die in neuerer Zeit die thierische Physiologie und neben ihr unter gleicher Methode die Medicin gewonnen, haben sich wieder Stimmen vernehmen lassen: es sey nun auch wieder an der Zeit, das viele gewonnene Material zu einem theoretischen Ganzen zu vereinigen und systematisch zu verarbeiten. In's reine Deutsch übersetzt scheint mir diese Anforderung nichts Anderes zu heissen als: „Von dem vielen Denken und der beständigen geistigen Entwicklung thut uns allmälig der Kopf weh, daher wollen wir uns von den nunmehr zusammengetragenen Brocken ein hübsches Kopfkissen stopfen und uns darauf schlafen legen." Wer in einer so rein empirischen Disciplin, wie es die der Naturwissenschaft der Organismen ist, nach einer Alles vereinigenden Theorie sucht und sich darin befriedigt fühlt, gehört in der Regel zu den geistig todten, trägen und beschränkten Köpfen, die sich darüber ärgern, dass ein junger Autoritätsverächter die Naseweisheit hat, mehr wissen zu wollen, als im Compendium steht, und von Wissensdrang getrieben vielleicht heute eine Entdeckung macht, die alle gestern gültigen Systeme umwirft oder doch neu umzuordnen zwingt. Das ist denn höchst unbequem. Ein fester Abschluss ist viel angenehmer, und was dann nachher nicht in's Procrustesbett der Theorie hineinpasst, kann man ja vornehm ignoriren. Die, welche eine theoretische Vereinigung, wie sie's nennen, ein Dogma suchen, finden es gar leicht zu **ihrer Zufriedenheit**. Aber eben diese **Befriedigung** könnte ihnen zeigen, dass sie nur nach Gemeinem, Niedrigem, in sich Unwerthem gestrebt, denn nur solches **kann** der Mensch erreichen. Das Vollkommene, das Ideal schwebt uns stets und in allen Dingen nur als glänzender Lichtpunkt in unermesslicher Ferne vor; und gerade deshalb hat auch das Ziel (als ein immer unerreichbares) gar keinen Werth für den Menschen, sondern nur der Weg, nicht das Resultat, sondern die Methode, und da ist diejenige die beste, die die freieste und sicherste Beherrschung der Geisteskraft zugleich mit der stetigen und unverrückbaren Richtung zum Fortschritt gewährt. So ergiebt sich uns denn die Berechtigung und Nothwendigkeit, bei jeder wissenschaftlichen Thätigkeit zuerst nach der Methode zu fragen, sie zu prüfen und nach dem Resultat dieser Prüfung allein die ganze Arbeit zu loben oder zu verwerfen. In dieser Beziehung nun stelle ich, dem Geiste meines grossen Lehrers *Fries* getreu, die Anforderung, dass jede naturwissenschaftliche Disciplin ausschliesslich nach inductiver Methode fortschreite, dass jede Bearbeitung derselben, die dieser Methode nicht treu bleibt, schon deshalb unbedingt zu verwerfen sey und nie als wahrhafte und brauchbare Förderung der Wissenschaft angesehen werden könne. In der reinen Philosophie nennen wir sie ihrer Eigenthümlichkeit wegen die kritische Methode, deren Aufgabe Entwicklung einer Theorie der Vernunft und Deduction aller aus derselben entspringenden unmittelbaren Erkenntnisse, deren Hülfsmittel lediglich eine treue und lautere Selbstbeobachtung und scharfe Zergliederung der Begriffe zur Bildung der naturgemässen Abstractionsweisen ist; in den angewandten philosophischen Disciplinen aber und in den Naturwissenschaften nennen wir sie inductive Methode im engern Sinn. Ihr Eigenthümliches besteht darin, dass man überhaupt zunächst von allen Hypothesen abstrahirt, kein Princip voraussetzt, sondern von dem unmittelbar Gewissen, von den einzelnen Thatsachen ausgeht, diese rein und vollständig auszusondern sucht, nach ihrer Verwandtschaft anordnet und ihnen selbst dann die Gesetze, unter denen sie stehen, die sie als Bedingung ihrer Existenz voraussetzen, abfragt und so rückwärts fortschreitet, bis man zu den höchsten Begriffen und Gesetzen gelangt, bei denen sich eine weitere Ableitung als unmöglich erweist. So kommt unmittelbar Sicherheit und Fortschritt in die Wissenschaft, während jede andere dogmatisirende Methode keine Gewährleistung ihrer Behauptungen in sich hat. Man gehe nur die unter dem Einfluss der Schelling'schen sogenannten Naturphilosophie entstandenen Theorien durch, die nicht gerade den letzten 20 Jahren angehören, und excerpire sich aus ihnen das, was (nicht als blosse Thatsache der unmittelbaren Erfahrung angehörig) wirklich in ihnen aus dem Princip entwickelt und also, wenn eine solche Philosophie nicht leeres Vorgeben seyn soll, mit Nothwendigkeit entwickelt ist, vergleiche das so Gewonnene mit dem heutigen Standpunkt der Wissenschaft und man wird staunen, welche Masse des Falschen und Verschrobenen sich zeigt. Hier hat nun die fortschreitende Wissenschaft ihr Urtheil schon gesprochen und den jetzt wieder auftretenden ähnlichen Werken wird's in den nächsten 20 Jahren ebenso gehen. Was soll uns aber eine angebliche Philosophie, die so durchaus ohnmächtig ist, uns gegen Irrthum und Verkehrtheit zu schützen? Dagegen vergleiche man *Newton's* Naturphilosophie, die, wenn auch vor *Kant* und *Fries*, doch im Wesentlichen ganz in ihrem Geiste bearbeitet ist, und der jedes Jahr, jede neue Entdeckung die glänzendsten Belege für die

Richtigkeit ihrer Maximen hinzufügt. Wer wird dann noch zweifeln, nach welcher Seite er sich zu wenden habe? Diese Sicherheit in der Begründung ihrer einzelnen Aussprüche nun gewinnt die Wissenschaft eben nur durch strenge Durchführung der inductiven Methode.

Aber sie hat in dieser Beziehung auch noch den andern Vortheil, dass sie dem freilich bei aller menschlichen Thätigkeit nie ganz auszuschliessenden Irrthum alle seine Schädlichkeit und insbesondere die Möglichkeit benimmt, durch seine Folgesätze für längere Zeit verwirrend durch die Wissenschaft fortzugehen und Fehler zu veranlassen, die um so schwerer zu entdecken sind, da sie vielleicht von dem Grundirrthum, der gar nicht beargwohnt wird, völlig folgerichtig abgeleitet wurden. Hierfür ist eben im Grossen jede Bearbeitung der naturwissenschaftlichen Disciplinen nach sogenannter speculativer Naturphilosophie das sprechendste Beispiel. Auf die Prüfung der Schelling'schen Grundfehler haben sich die Meisten, die ihm folgten, nicht eingelassen und oft nicht einlassen können, und so ist denn all ihr aufgewandter Scharfsinn und ihr Talent (wenn auch nur theilweise durch ihre Schuld) grossentheils verloren gegangen. Wer aber die Grundlagen jenes Philosophems geprüft, weiss von vorn herein, dass damit weiter nichts anzufangen sey, und sieht sich sogleich nach bessern Methoden um. Wo nun aber streng auf inductive Weise (in der Philosophie kritisch) verfahren wird, liegt jede einzelne Behauptung sogleich mit ihrer Begründung vor und Jeder ist im Stande, wenn er will, sich zu überzeugen, ob sie von dem unmittelbar Gewissen der Thatsachen richtig abgeleitet ist oder nicht. Jeder Irrthum wird daher sogleich entdeckt und verbessert werden, und niemals lange schädliche Nachwirkungen in der Wissenschaft haben können.

Als wichtigste Folge des dogmatischen Vorurtheils hebe ich noch Folgendes genau hervor. Wir müssen dreierlei scharf unterscheiden, wenn wir die Summe unserer Kenntnisse richtig beurtheilen wollen:

1) Die einzelne Thatsache als Wirkliches. Diese kann einzig und allein erfahrungsmässig erkannt werden. Jede Regel, jedes Gesetz, selbst das strengste und unumstösslichste,

ist für sich gehaltlos und giebt sich den Fall der Anwendung, die wirkliche Thatsache, nicht selbst. Die einfachste und allgemeinste Grundkraft, mit welcher alle Körper sich gegenseitig anziehen (die Gravitation) muss als durchdringende, d. h. gleichmässig nach allen Seiten wirkende Kraft in verschiednen Entfernungen ihre Wirkung auf die diesen Entfernungen entsprechenden Kugelflächen vertheilen, ihre Wirkung muss sich also umgekehrt wie die Quadrate der Entfernungen (der Halbmesser) verhalten. Dies Gesetz beherrscht den ganzen Himmelsbau und doch ist Niemand etwas damit gedient, der nicht rein empirisch erst die wirkliche Existenz der Himmelskörper als schwerer Massen erkannt hat. Das Gesetz würde richtig seyn, wenn es auch keine Körper gäbe, aber als leere problematische Form der Erkenntniss; zur wirklichen Erkenntniss wird es erst durch die Anwendung auf die rein empirisch hinzunehmende, also für den erkennenden Geist zufällige Existenz der schweren Massen. Für unsere Wissenschaft bleibt die einzelne Thatsache und das Zusammentreffen vieler stets als etwas Zufälliges stehen. Die Wirklichkeit der einzelnen Thatsachen ist selbst nicht einmal nach Naturgesetzen als nothwendig zu erkennen, denn im Ablauf der Zeit weist jede Bedingung auf eine frühere Bedingung zurück, also wegen der Anfangslosigkeit der Zeit niemals auf eine erste absolute Bedingung; in der Nebeneinanderordnung im Raum steht jede einzelne Thatsache im Zusammenhang mit allen übrigen nach dem Gesetz der Wechselwirkung, aber wegen der Unendlichkeit des Raums bleibt uns die Nothwendigkeit im ganzen Zusammenhang ebenfalls unerfassbar und daher auch in dieser Beziehung die einzelnen Thatsachen als etwas Zufälliges stehen. Aus der Einschränkung unsrer beschränkten Erfahrungserkenntniss in die Unendlichkeit von Raum und Zeit resultirt endlich auch die Zufälligkeit der mathematischen Zusammensetzung. Dass wir gerade diese Sterne am Himmel sehen, dass die Sonne gerade 11 Planeten hat, bleibt für uns rein zufällig. Wir fordern zwar eine nothwendige Bestimmung für die einzelne Thatsache im Zusammenhang einer ganzen Weltansicht; dieses Postulat aber können wir niemals wissenschaftlich brauchen, es gilt nur im Glauben und wird nur durch die ästhetischen Ideen in der Ahnung lebendig.

2) Wir erkennen aber nach körperlicher Weltansicht den Abfluss der Erscheinungen als unter Naturgesetzen stehend und somit nennen wir die Thatsache, sobald wir sie als Folge eines bestimmten Naturgesetzes erkannt haben, nothwendig. Dass die Sonne aufgeht, ist nothwendig, sie muss aufgehen in Folge des Gesetzes der Axendrehung. Diese Nothwendigkeit hat aber eben nur für den Bedeutung, welcher die Wirklichkeit der Thatsachen, nämlich die Existenz des Sonnensystems u. s. w. und die Geltung und Bedeutung der Naturgesetze erfahrungsmässig erkannt hat.

3) Endlich giebt es eine Gesetzmässigkeit unserer Geistesthätigkeit, die wir für jede gesunde menschliche Vernunft mit Allgemeingültigkeit voraussetzen, und was aus ihr folgt und nur dies allein ist von philosophischer Nothwendigkeit. Wir setzen voraus, dass jeder Mensch, der nur nachdenken und mit sich selbst klar werden will, dergleichen anerkennen müsse. So sagen wir, jede Veränderung muss eine Ursache haben u. s. w.

Diese drei durchaus wesentlich verschiednen Verhältnisse verwirrt nun die dogmatische Naturphilosophie mit einander, indem sie mit der Anmassung auftritt, die philosophische Nothwendigkeit auch auf die beiden andern Verhältnisse auszudehnen. Sie begnügt sich nicht damit zu sagen, die Erde hat eine Axendrehung in der Richtung von Osten nach Westen, folglich muss bei der gegebenen Lage der Erdaxe die Sonne auf- und untergehen, sondern sie sagt, die Erde muss sich von Osten nach Westen drehen und muss diese Lage der Axe haben, die Sonne muss gerade 11 Planeten haben, sie müssen gerade diese Abstände zeigen u. s. w. Das kann nun vielleicht einen unphilosophischen Kopf noch täuschen bei solchen Verhältnissen, die bereits empirisch hinlänglich festgestellt sind, aber desto schlagender kann man auch die Fehlerhaftigkeit dieser Verwirrung da aufweisen, wo eine solche Vollendung einer empirischen Disciplin noch nicht erreicht ist, sondern wo nach dem Spruche: *dies diem docet* morgen vielleicht schon als falsch erwiesen ist, was heute noch allgemein angenommen war.

Hier zeigt sich eben am klarsten, wie das Kantische *a priori* gar nie begriffen worden ist. Was *a priori* gilt, gilt vor aller Erfahrung und abgesehen von derselben, zu allen Zeiten und an allen Orten für alle Menschen. Die Erfahrung kann es nie widerlegen, oder es war nicht *a priori* und folglich keine Philosophie. Jene „speculative" Philosophie giebt aber in ihrer dogmatischen Construction angeblich *a priori* nichts, als den Gehalt ihrer temporären Unwissenheit. Sie construirt *a priori* die Asteroiden aus der Planetenreihe fort und morgen werden sie entdeckt; sie construirt *a priori* die Planetenreihe und morgen findet sich, dass die Planetenreihe eine ganz andere ist. Sie construirt *a priori* chemische Processe und die Erfahrung weist ihr nach, dass von allem dem in der Wirklichkeit nichts geschieht. Sie construirt *a priori* die Wandlosigkeit der Spiralgefässe, aber nur weil sie nicht weiss, dass die Wand derselben längst beobachtet und als Thatsache festgestellt ist. Es ist ein längst in der Menschheit überwundener Fehler, der hier wiederkehrt, weshalb diese Philosophie mit Recht als „Rückschritt" bezeichnet wird. Schon *Descartes* sagte „er achte es für etwas Geringes zu zeigen, wie das Universum eingerichtet sey, wenn er nicht zugleich beweisen könne, dass es auch nothwendig so eingerichtet seyn müsse." Gerade so die Naturphilosophie. Sehr treffend bemerkt aber *Whewell* (Gesch. d. ind. Wissenschaften Bd. 2. S. 135) dazu: „Die mehr bescheidne Philosophie, welche die Grosssprechereien jener Schule überlebte, begnügte sich im Gegentheile damit, alle ihre Kenntnisse der Natur aus der Erfahrung, aus unmittelbaren Beobachtungen abzuleiten und ihr ist's noch nie eingefallen, ihr peremptorisches Müssen in allen den Fällen geltend zu machen, wo die Natur sich herablässt uns zu zeigen, was sie in der That ist."

Das grosse Problem, dessen Verkennung hier beständig die mangelhaft Orientirten täuscht und auf Irrwege führt, ist das von *Fries* zuerst entwickelte Gesetz der Spaltung der Wahrheit. Unsere Erkenntnisse fliessen nicht aus einer und derselben Erkenntnissquelle und lassen sich deshalb nicht in Ein System vereinigen. Jede Erkenntniss gilt in ihrer Bestimmtheit nur auf ihrem Gebiete. Die Vereinigung aller in

Eine Weltanschauung geschieht nur durch die **Schranken-verneinenden** Ideen des Absoluten und ist einer wissenschaftlichen Entwicklung unfähig, weil es ihr an **positivem** Gehalt fehlt; ihre Bedeutung und ihr Leben erhält sie nur in der Frömmigkeit durch die ästhetischen Ideen, und durch sie können auch alle die guten Leute ihre Beruhigung finden, die da meinen, man müsse durchaus die Naturwissenschaft misshandeln und verdrehen, damit dem lieben Gott nicht zu nahe getreten werde. Der ächte Naturforscher ist um so sicherer auch ein frommer Mensch, je weniger er Gefahr läuft, sich den reinen Gottesglauben durch die Nebel des Aberglaubens zu trüben und den Herrn der Welt zum Maschineninspector der Natur herabzuwürdigen. Es wird immer wahr bleiben: wie der Mensch, so ist auch sein Gott.

Endlich ist auch die Rücksicht auf die Schüler, die Lernenden nicht aus den Augen zu lassen, und als solcher ist jeder Leser eines Buchs anzusehen, welches überhaupt seines Daseyns werth seyn soll. Ein Buch, aus dem **Niemand** etwas lernen kann, verdient überall nicht einmal als vorhanden anerkannt zu werden. Indem ich aber diesen Punkt berühre, muss ich abermals bemerken, dass ich an dieser Stelle nur andeuten, nicht ausführen darf, weil es meinen eigentlichen Beruf als Naturforscher und Botaniker wohl berührt, aber nicht ausfüllt. Auf einem andern Felde ist die Frage gründlich zu erörtern, die namentlich auch den in neuerer Zeit so heftig geführten Streit um den Werth der classischen Studien begreift. Ich erwähne hier nur Folgendes: Wissen an sich ist werthlos, wie das sich daraus ergiebt, dass es einzelne höchst gelehrte Vielwisser gegeben, die als Menschen die verächtlichsten Gesellen waren, so dass man berechtigt ist zu behaupten, das Wissen an sich hat nicht ,,eine Kraft, selig zu machen Alle, die daran glauben". Man ist auch besonders in dem eben erwähnten Streit schon vielfach auf den Satz gekommen, dass die formelle Bildung des Geistes eigentlich das sey, was an der Erlernung des Einzelnen erstrebt werden solle, sobald diese Erlernung etwas Anderes als handwerksmässige Abrichtung zu bestimmten Gewerben seyn soll. Was aber formelle Bildung sey, scheint mir keineswegs bis jetzt klar und richtig ausgesprochen zu seyn.

Moralische und Verstandesbildung, letztere wesentlich nur im Dienste der ersteren, ist das Ziel; und das Mittel, die Herrschaft des Willens über die Natur, dort des verständigen Willens über Neigung und Leidenschaft, hier des nach Zwecken geleiteten willkürlichen Denkens über die unwillkürlichen Associationen des niedern Gedankenlaufs. Formelle Bildung ist also in jedem Falle Uebung des Willens in der Leitung der unwillkürlichen Vorstellungen zu bestimmten Zwecken, dort der Idee des Guten, hier der Idee des Wahren gemäss. Für eine solche Uebung thut aber das blos gedächtnissmässige Auffassen irgend einer Reihe von Thatsachen gar nichts und ist daher für unsere Bildung völlig werthlos, selbst wenn die Thatsachen alle wahr wären. Dagegen ist jede Anleitung zur lebendigen Gedankenentwickelung für einen bestimmten Zweck als die Denkkraft, d. h. die Herrschaft des Willens über die unwillkürlichen Associationen übend, auch formell bildend selbst dann noch, wenn die Vorstellungen selbst, die willkürlich combinirt wurden, falsch, der Zweck, zu dem sie combinirt werden, ein verwerflicher wäre. Dies Letztere aber kann in den Naturwissenschaften, sobald sie inductiv behandelt werden, nicht einmal oft vorkommen und deshalb scheinen mir auch die richtig behandelten Naturwissenschaften das bei Weitem allen übrigen vorzuziehende Bildungsmittel des Geistes zu seyn, denen vielleicht als ethisches Bildungsmittel die Geschichte nebenzuordnen wäre. Dass nun aber in dieser Beziehung die inductiven Methoden Alles, die dogmatischen nichts leisten, ist leicht einzusehen und folgt schon aus dem Begriff selbst, und wir dürfen daher unbedingt das dogmatische Vorurtheil auch in Bezug auf den Lernenden als fehlerhaft bezeichnen.

Nur kurz will ich hier zuletzt noch andeuten, was schon oben berührt wurde, dass nämlich jene sogenannten speculativen Methoden uns eine traurige Verderbniss der Logik gebracht haben. Die mangelhafte psychologische Orientirung erlaubt den Anhängern jener Schule nicht zu richtiger Begriffsbildung und scharfer Abstractionsweise zu kommen, noch die Nothwendigkeit derselben zu sicherer Fortbildung der Wissenschaft einzusehen. Alle Worte gelten ihnen, obwohl sie beständig gegen den gemeinen Verstandesgebrauch reden, doch gerade nur so, wie sie der gemeine, ungebildete Verstand im Alltagsleben anwendet, nämlich *secundum quid*, bald so, bald so, und gerade der Charakter des gebildeten Verstandes, die Ueberwindung des Standpunktes des gemeinen Lebens, nämlich wissenschaftliche Schärfe der Begriffsbildung geht ihnen völlig ab. Eben so ist an eine Anwendung der logischen Regeln bei ihnen nicht zu denken, die Traumwelt des Phantasten kennt keine Denkgesetze und deshalb ist ihm auch nichts unwilkommener, als wenn ihm Jemand mit consequenter Logik entgegentritt oder nachgeht*). Wenn nun *Hegel* den Raum als das „unsinnliche Sinnliche" (Encyklop. 258), das Licht als „unmaterielle Materie" erklärt, wenn er „den sich bewegenden Körper zugleich in demselben Ort und nicht, d. i. zugleich in einem andern, einen Zeitpunkt zugleich denselben und einen andern seyn lässt" (Encykl. 295), so fällt es uns auch nicht mehr auf, dass Jemand, der in dieser oder einer ähnlichen Schule aufgewachsen sein geistiges Ohr an den Schall sinnlos combinirter Wörter gewöhnt hat, auch von Pflanzen im Momente der Thierwerdung als von einem Dinge sprechen kann, welches zugleich es selbst und auch ein anderes ist; es wird uns dann leicht begreiflich, wie Einer von niedern Pflanzen als bestimmten Arten erzählen kann, die sich unter Umständen bald zu diesen, bald zu jenen höhern Pflanzen (ebenfalls als bestimmten Arten) entwickeln können; wir finden es nicht mehr auffallend, dass bei der tüchtigsten und gründlichsten empirischen Ausbildung unsere Zeit sich zu keiner bedeutenden Entwicklung des Wissens über die Sammlung der empirisch gewonnenen Thatsachen hinaus erheben kann, dass vielmehr alle Versuche dazu sich nach wenigen Jahren schon in die Reihe der abgelegten wissenschaftlichen Moden**) verwiesen sehen; denn die tüchtigste Empirie reicht dazu nicht aus, es

---

*) Herr *Nees* kann in seiner Recension über mein Buch gar nicht davon loskommen, immer kommt er wieder auf mein Hervorheben der Logik zurück, was ihm höchst unangenehm zu seyn scheint.

**) Man erinnere sich nur der vielen naturphilosophischen medicinischen Systeme, die nach und nach im Laufe dieses Jahrhunderts als Staatskleid angezogen und bald darauf wieder an den Trödler verkauft wurden.

bedarf dazu vielmehr gründlicherer Bildung des Denkvermögens, als jetzt noch auf den meisten niedern und hohen Schulen zu erlangen ist*). Ein *Newton*, ein *Kant* u. A. würden jetzt fast

---

*) Ein trauriges Beispiel (trauriges, weil der Verfasser durchaus zu den Tüchtigen gehört) liefert die Recension meiner „Grundzüge der wissenschaftlichen Botanik" in der Hallischen Literaturzeitung (Ergänzungsblätter Dec. 1843 u. s. w.).

Ich hatte in meinem Buche gesagt, wenn man von dem Gehalt der sogenannten systematischen Botanik dasjenige ab zieht, was eigentlich der höheren theoretischen Wissenschaft angehörig ist, so bleibt nichts übrig als das Geschäft des Handlangers u. s. w. und zum Ueberflusse fügte ich, böser Erfahrung eingedenk, noch hinzu: „Kaum wird es nöthig seyn zu sagen, dass die meisten jetzt noch sogenannten Systematiker, es in dem engen Sinne, wie ich es hier genommen, nicht sind, sondern ächte Botaniker u. s. w. Gleich auf der ersten Seite nun sagt der Recensent: „Der Verfasser führt Krieg gegen die Systematiker, die er nur als Handlanger betrachtet."

Der Recensent fährt dann fort: Die Verachtung der Systematik räche sich an mir, indem mein Buch überall da, wo die Zettelchen des botanischen Gartens mir nicht zu Hülfe kämen, d. h. die Cryptogomen, höchst dürftig sey. —

Das erste gegen meine ausdrückliche Verwahrung eine zu handgreifliche Unwahrheit, das andere eine gar nichtswürdige Insinuation würde eine gar böse Anklage gegen den Rec. (*Kützing*) begründen, wenn nicht mein Bewusstseyn, demselben niemals Anlass zu feindseliger Gesinnung gegeben zu haben und sein bekannter rechtlicher Character diese Anklagen sogleich vernichteten. — Beachtet man aber das Gedankenlose des zweiten Vorwurfs (denn es handelt sich in meinem ganzen Buche ja nirgends um Bestimmung der Pflanzen, sondern um Dinge, von denen bis jetzt wenigstens auf den Etiketten keines botanischen Gartens etwas zu finden ist), liest man den Verfolg der Recension, wo sich überall ein trauriges Missverstehen meiner Sätze zeigt (wenn z. B. meine Erörterung des Begriffs der Pflanze als Definition behandelt wird, während ich ausdrücklich bemerkt, eine Definition sey bis jetzt unmöglich; wenn meine Unterscheidung der organischen Form (Gestalt) von der unorganischen mit dem Unterschied der organischen und unorganischen Stoffe und der unorganischen Form organischer Stoffe verwechselt wird) — sieht man, wie der Verfasser sich selbst unzählige Male widerspricht, ohne es selbst zu merken (wenn er z. B. mich höhnisch abweist mit meiner Behauptung: „dass der grösste Theil dessen, was man bisher bei den Algen als *species* aufgestellt, keine Arten seyen und kurz oder lang ein grosser Theil derselben eingehen werde" und gleich darauf ganz naiv erklärt, Arten

ganz unverstanden an Deutschland vorübergehen, weil sie nicht die logisch gebildeten, an scharfes, consequentes Denken gewöhn-

---

könne man (er selbst nach 13jährigen gründlichen Studien) überhaupt noch gar nicht bei den Algen unterscheiden, sondern nur Formen) — geht man genauer auf das ein, was *Kützing* mir eigentlich beständig vorwirft und findet dann, dass es nichts anderes ist als der immer wiederkehrende ganz lächerliche Tadel, dass ich, der ich erst 10 Jahre den Naturwissenschaften gewidmet, mich nicht auch wie *Kützing* 13 Jahre fast ausschliesslich mit den Algen beschäftigte, oder die Resultate jener 13jährigen Studien nicht einige Jahre früher gekannt habe, als sie publicirt wurden, — kurz geht man einigermassen die Recension genauer durch, so erkennt man bald, dass *Kützing*, der so tüchtige Algologe, sogleich die Tramontana verliert, sobald er seine Gedanken nicht mehr an den hergebrachten Faden der systematischen Botanik anreihen kann und etwas frei und selbstständig durchdenken, oder eine einzelne empirische Thatsache nicht mehr für sich allein, sondern im Zusammenhang der ganzen Natur von allgemeinem Gesichtspuncte auffassen soll. So ist er mit meiner Erörterung über den Unterschied zwischen Pflanzen und Thieren höchst unzufrieden und bezeichnet sie als flach und verfehlt. Seltsam, dass *A. v. Humboldt* (er verzeihe mir diese Indiscretion) in einem Briefe an mich gerade diesen Abschnitt als sehr gelungen hervorhebt.

Aber die grösste Verworrenheit zeigt sich bei *Kützing* in Behandlung der Frage, ob ein Geschöpf bald Thier, bald Pflanze, bald niedere, bald höhere Pflanze seyn könne und zwar darin, dass er meint, die Frage müsse auf empirischen Wege entschieden werden. Es handelte sich hier aber gar nicht um Thatsachen, sondern um richtige Beurtheilung derselben; ja die Frage ist eigentlich durch *Kützing's* Geständniss, dass es bis jetzt in der Algenkunde gar keine Arten, sondern nur Formen gebe, selbst auf empirischen Wege gegen ihn entschieden. — Dass uns die Natur zunächst nur Individuen vorführt, ist gewiss, dass in ihr aber die Uebergänge nicht stetig sind, sondern die einzelnen Arten der Bildungstriebe und somit ihre Producte discret neben einander stehen, zeigt uns die grossartigste und älteste Induction, die in den Naturwissenschaften gemacht worden ist. Dass der Inhalt unserer Wissenschaft nur in Begriffen und also in Artbegriffen ausgesprochen werden könne, ergiebt sich aus der Natur des menschlichen Erkenntnissvermögens. — Nun ist unsere Aufgabe in der Systematik der Natur unserer Artbegriffe so zu formen, dass sie mit den wirklichen Arten der Natur quadriren und dieselben decken, so dass wir nach und nach eine vollständige Uebersicht der specifischen Bildungstriebe an der Erde erhalten. Zu dem Ende abstrahiren wir uns von einer grössern Anzahl von Individuen die gemeinschaftlichen Merkmale und bilden daraus einen Artbegriff und daneben den zweiten u. s. w. Findet sich ten Köpfe fänden, welche durch die Leibnitz-Wolff'sche Schule erzogen, sie zu ihrer Zeit vorhanden. Schon deshalb müssen wir uns in den Naturwissenschaften für die nächste Zeit streng an die inductive Methode halten, denn ehe nicht bessere philosophische Bildung sich wieder geltend macht, kann man alle höheren Versuche doch von vorn herein, fast ohne sich einer Ungerechtigkeit schuldig zu machen, für todtgeborne ansehen.

Endlich will ich zum Schluss die Sache noch von zwei andern Gesichtspunkten zu beleuchten suchen. Man könnte mir einwenden, wenn wirklich die sogenannte Naturphilosophie und die Hegel'sche Speculation so völlig unfruchtbar für die Naturwissenschaften sind, wie ist's denn gekommen, dass sie so grosses Aufsehen erregt haben? Diese Frage ist rein historisch zu beantworten. Wenn in einem Keller eine Fassdaube springt, macht es allerdings einen grossen Lärm, aber schon der nächste Nachbar hört vielleicht gar nichts davon. Wir begehen nur gar zu leicht den Missgriff in unserer Beurtheilung, das, was nur

---

dann später, dass noch Individuen vorkommen, welche zugleich die Merkmale zweier Arten an sich tragen, so folgt daraus nicht, dass ein Individuum zweien Arten angehören könne (denn das ist und bleibt ein logischer Unsinn und nicht etwa eine empirisch zu entscheidende Frage), sondern es folgt daraus, dass unser Versuch zur Bildung des Artbegriffs noch ein menschlich-mangelhafter gewesen sey und verbessert (erweitert oder nach Umständen auch beschränkt) werden müsse. Aus den Arten aber bilden wir auf ähnliche Weise Geschlechtsbegriffe, aus diesen Familien, aus diesen Ordnungen, Classen und endlich Reiche. Ist es nun schon ein logisches Unding, dass ein Individuum zugleich zweien Arten angehöre, so ist es ein noch viel verworrener Gedanke, ein Individuum sogar zwei Reichen unterzuordnen. — Aber schon lange ist man durch schnöden Missbrauch von dem rechten Wege und dem eigentlichen Werth und Zweck der Aufstellung der Arten abgekommen und es ist interessant daran zu erinnern, wie schon *Rudolphi* (Vorrede zu dem Leben *Linnés von Afzelius* a. d. Schwed. v. *K. Lappe*) den Wust, der uns jetzt die Wissenschaft verwirrt, im Geiste voraussah und gar richtig die Ursachen charakterisirte. — Aber aus allen diesen Unklarheiten und Verkehrtheiten erwächst zu unserer Zeit eigentlich niemals dem Einzelnen, am wenigsten so tüchtigen Leuten, wie *Kützing*, ein sie schwer gravirender Vorwurf; dieser trifft vielmehr die philosophische Charlatanerie und Modethorheit unseres Jahrhunderts, welche uns in allgemeiner wissenschaftlicher Ausbildung und höherer Verständigung um mehr als ein Jahrhundert zurückgebracht hat. —

zeit- und ortgemässes Interesse erregt, mit dem allgemein Interessanten und Wichtigen zu verwechseln. Die Geschichte der Menschheit bewegt sich aber nicht auf den Lehrstühlen einiger deutschen Universitäten, sondern wird von einem ungleich grössern Rahmen umfasst. *Sokrates*, ein stiller Privatmann in Athen, wurde von seinen Zeitgenossen hingerichtet und beherrscht jetzt durch seine Schule (*Plato* und *Aristoteles*) das ganze Geistesleben der gebildeten Menschheit. *Apollonius von Tyana*, von seiner Umgebung und seinen Zeitgenossen vergöttert, ist ein nichtiges Irrlicht in der Geschichte der Menschheit verschwunden.

Wir können den Einfluss der Naturphilosophie nach zwei Verhältnissen vergleichen, extensiv und intensiv. In erster Beziehung hatte sie sich auf einigen deutschen Hochschulen und wohl nirgends ohne Widerspruch eine Zeitlang Geltung erworben und fristete ihr Leben hauptsächlich nur in dem Geschrei selbst geschaffener Journale. Die übrige Welt, in der die Geistesgeschichte der Menschheit fortspielt, hat keine Notiz davon genommen, oder, wo es ja zufällig geschehen, haben Männer wie *Cuvier* sich bestimmt dagegen erklärt als eine jede gründliche Naturwissenschaft störende Erscheinung. Schnell wie ein Irrlicht leuchtete sie auf und eben so schnell fast ist sie wieder verschwunden, denn wenn wir die Männer, die jetzt die naturwissenschaftlichen Disciplinen fördern, zusammenzählen, werden wir mit wenigen Ausnahmen alle bedeutendern unter ihren offnen oder stillschweigenden Gegnern finden. Ich will hier nur von den Deutschen (von andern versteht sich's ohnehin) *Gauss*, *Bessel*, *Schumacher*, *Struve*, *Dove*, *Weber*, *Ettinghausen*, *Baumgärtner*, *Eisenlohr*, *Doebereiner*, *Liebig*[*], *Wöhler*, *Lehmann*, *Valentin*[**], *Müller*, *Schwann*, *Tiedemann*, *Henle* u. A. nennen.

Was aber die Intensität des Einflusses betrifft, den die Naturphilosophie ausgeübt, so steht der in genau umgekehrtem Verhältniss mit dem Grade der Sicherheit und Vollendung, den

---

[*] Die organische Chemie in ihrer Anwendung auf Physiologie und Agricultur (4. Aufl.).

[**] *Wagner's* Handwörterbuch der Physiologie u. s. w. I. S. 435 ff.

die einzelnen Disciplinen bereits erreicht hatten, als die Naturphilosophie aufzutauchen begann, und wir sehen gar leicht bei dem grossen Fortschritt, den in den letzten 50 Jahren mehrere Disciplinen gezeigt, dass sie sich in demselben Masse auch von der anfänglichen Störung befreit haben. Für die Astronomie, die Mathematik und die mathematische Physik ist die Naturphilosophie von Anfang an so gut wie völlig bedeutungslos geblieben. Die meisten Männer haben es nicht einmal der Mühe werth geachtet, diese seltsame Erscheinung nur zu berücksichtigen und sind unter den sichern Principien Newton'scher Naturphilosophie ruhig ihren Weg fortgeschritten. Die Schmähungen jener Schule gegen *Newton* führen Männer von Fach (z. B. der ältere *Littrow* in *Whewell* Gesch. der inductiven Wissensch. Bd. 2. S. 195 Anm.), wenn sie ihnen überall in die Hände fallen, höchstens ihren Lesern ohne weitere Bemerkung als ein Spottbild vor. Der gediegene und gerade für das Ausland und **gegen** seine Landsleute auffallend unparteiische *Whewell* selbst (Bd. 2. S. 194), ich weiss nicht durch welche Veranlassung auf *Hegel's* anmassende Aeusserungen über *Newton* aufmerksam gemacht, scheint es nur zu bedauern, dass das gründliche Deutschland solche Auswüchse hervorgebracht und bemerkt, wie an einem solchen Manne zwei Jahrhunderte in der Entwicklungsgeschichte der Menschheit völlig wirkungslos vorübergegangen seyn müssten, indem er in seiner geistigen Bildung noch auf so niedriger Stufe stehe wie die Zeitgenossen *Keppler's*. In den weniger entwickelten Theilen der Physik und in der Chemie, wo das grosse Gebiet des noch Unerforschten schon mehr Raum für physikalische Träumereien gewährte, haben Einige den Versuch gemacht, jene Naturphilosophie geltend zu machen, aber schnell haben die sich rasch entwickelnden Wissenschaften diese Kinderschuhe ausgetreten und unter allen ausgezeichneten Physikern und Chemikern werden jetzt nur noch wenige seyn, die in der That glaubten, mit jenen hohlen Formeln nur das Allergeringste von Bedeutung leisten zu können, die sie nicht vielmehr unbedingt zurückwiesen. Die Mineralogie rein historisch oder rein mathematisch hat kaum jenen Verirrungen Raum gegeben; mehr vielleicht die Geognosie und insbesondere die Geologie, wo am allerwenigsten festes und sichres

Wissen bis jetzt vorhanden ist. Am meisten aber hat die Physiologie der Organismen von jenem verderblichen Einflusse gelitten und sich um so schwerer davon befreit, je geringer noch der Schatz positiver, festbegründeter Kenntnisse, je weiter der Spielraum für Hypothesen, das Gebiet des Unerforschten und daher des allein der Phantasie Zugänglichen war. Aber auch hier zeigt sich uns nichtsdestoweniger die Erscheinung, dass sich die ausgezeichnetsten Männer (zum Theil z. B. wie *Tiedemann*, *Müller* in jener Schule aufgewachsen) mit Widerwillen davon abgewendet haben, sobald sie den sichern Gehalt der Wissenschaft klar erfassten, und dass sich immer weniger ausgezeichnete Köpfe in jene phantastische Richtung verlieren, je mehr diese Disciplinen tüchtige und markige Säfte ächter Naturkenntnisse sammeln. So bleibt also jene falsche Richtung jetzt mit wenigen ehrenwerthen Ausnahmen*) auch in der ihr am meisten zugänglichen Wissenschaft auf diejenigen beschränkt, die ihren Mangel an positiven Kenntnissen gern durch hochtönende Phrasen verhüllen und dadurch vom Katheder oder Schreibtische aus Hörern und Lesern Sand in die Augen zu streuen suchen, oder auf die, deren höchst beschränkten Geisteskräfte niemals zu selbstthätiger geistiger Entwicklung gelangen, denen daher das Wort des Lehrers zur Sklavenfessel wird, oder endlich auch solche, die das dunkle Gefühl ihrer Inferiorität sich selbst nicht besser als durch eine Lehre verstecken können, die ihnen den vornehmen Glauben eines höheren, gemeinem Menschenverstande unzugänglichen Wissens an die Hand giebt.

Dies wäre die Beantwortung der historischen Frage: eine andere ist die philosophische. Wenn es eine bessere Philosophie giebt, warum hat sich diese nicht geltend gemacht jenen falschen Bestrebungen gegenüber? Um dies vollständig zu entwickeln, müsste ich auf eine traurige Seite in der Entwicklung deutschen Volkslebens in den letzten 50 Jahren eingehen und ich will mir dies unangenehme Gefühl sparen, indem ich jene Frage nur

---

*) Z. B. ein *Carus*, *Martius* u. A., bei denen aber die Naturphilosophie eigentlich als eine unschuldige Spielerei oder als Zierrath der Darstellung neben ihren gediegenen empirischen Leistungen hergeht.

halb beantworte und sage, die bessere Philosophie **kann** sich geltend machen, wenn nur Jemand da ist, den das Interesse für die reine Wahrheit zu jenen Studien führt. Ich habe schon mehrfach bemerkt, dass ich weit entfernt bin, *Schelling* und *Hegel* in ihren philosophischen Bestrebungen selbst entgegenzutreten; das ist nicht meines Amts und vielleicht auch nicht mit meinen Fähigkeiten in Einklang. Ich überlasse die Philosophie dieser Männer gänzlich den Philosophen und habe hier nur gegen die Anwendung derselben auf das Gebiet der Naturwissenschaft gekämpft. Aber ich kann nicht umhin, auf folgende Erscheinung aufmerksam zu machen, weil sie, wie überhaupt das ganze Wirken unseres *Fries*, fast unbeachtet vorübergegangen ist.

Wenn es auch hin und wieder einige arrogante und unwissende Knaben geben mag, die *Kant* als einen bornirten Schwachkopf verschreien möchten, damit Niemand darauf verfalle, ihr unreifes Gewäsch mit dem Maassstabe Kantischer Gediegenheit zu messen, so ist doch wohl der edlere und gebildetere Theil der ganzen deutschen Nation darüber völlig einverstanden, dass *Kant* als ein philosophisches Genie mit mächtigem Geiste eine gründliche Reform der Wissenschaft angebahnt und ihr durchaus eine neue Epoche heraufbeschworen. Somit ruht unser ganzes philosophisches Thun und Treiben richtig oder falsch auf *Kant*, fliesst aus ihm als der ursprünglichen Quelle. Wenn nun jemals in der Philosophie oder vielleicht in irgend einer Wissenschaft eine Polemik mit Selbstverleugnung und sorgsamem Eingehen in den Gedankengang des Gegners geführt ist, so ist es diejenige, welche *Fries* gegen die Nachfolger und angeblichen Fortbildner der Kantischen Lehre geführt hat. In den Schriften: *Reinhold, Fichte* und *Schelling*, Leipzig 1803, *Fichte's* und *Schelling's* neueste Lehren von Gott und der Welt, Heidelberg 1807 und: die Nichtigkeit der Hegel'schen Dialektik (in: Für Theologie und Philosophie; eine Oppositionsschrift Bd. I. Heft 2. 1828), endlich im Auszug und prägnanter in seiner Geschichte der Philosophie Bd. 2. ist *Fries* Schritt für Schritt der Entwicklung des philosophischen Gedankens seit *Kant* gefolgt, er hat in den leisesten ersten Spuren die Abweichungen von *Kant's* Kriticismus nachgewiesen, gezeigt, wie und wo die Männer durch ein Missverstehen Kantischer Untersuchungen auf diese Abweichungen gekommen, gezeigt, wie diese Abweichungen, weit entfernt, Fortschritte zu seyn, Verbesserungen der Kantischen Lehren zu geben, vielmehr von *Kant* rückwärts zu früheren schon von *Kant* klar widerlegten Irrthümern zurückführten. Ueberall hat *Fries* seine Polemik gegen die ersten Grundlagen begonnen und bis auf die entferntesten Folgen, wenn auch hier nur in den wichtigsten und schlagendsten Beispielen, fortgeführt. Hat man ihn widerlegt? O nein! Das halte ich mit allen den Unsrigen auch natürlich für unmöglich. Aber man hat sich, vielleicht im Bewusstseyn eigner Schwäche, gar nicht darauf eingelassen und vornehm thuend geschwiegen wie *Schelling*, oder grob geschimpft wie *Hegel*. Man hat sogar, um Niemand auf diese feindliche Macht aufmerksam zu machen, die ganzen Angriffe niemals ausdrücklich erwähnt. Aber desto heftiger hat man im Allgemeinen geschmäht. *Schelling* begann, indem er dem gemeinen Menschenverstande den Krieg erklärte, *Hegel* folgte, indem er den gemeinen Verstandesgebrauch als niedere Bildungsstufe verwarf und für den Philosophen Ueberwindung dieses Standpunkts forderte. Aber wir wollen die Meister dieser Schule selbst reden lassen. Im kritischen Journal der Philosophie von *Schelling* und *Hegel* Bd. I. S. XVIII. heisst es:

„Die Philosophie (*Schelling's* und *Hegel's*) ist ihrer Natur nach etwas Esoterisches, für sich weder für den Pöbel gemacht, noch einer Zubereitung für den Pöbel fähig*); sie ist nur dadurch Philosophie, dass sie dem Verstande und noch mehr dem gesunden Menschenverstande, worunter man die locale und temporäre Beschränktheit eines Geschlechts der Menschen versteht, gerade entgegen-

---

*) Das schreibt nicht etwa ein Reichsunmittelbarer des vorigen Jahrhunderts, sondern ein Philosoph des 19. Jahrhunderts, ein Mann, der wenigstens dem Namen nach Christ ist, und das Philosophem eines solchen Mannes hält man für eine Lehre des Liberalismus und des Fortschrittes. —.

gesetzt ist; im Verhältniss zu diesen ist an und für sich die Welt der Philosophie eine **verkehrte Welt.**"

Gebe Gott, dass dieses Sprüchlein recht bald allgemein verstanden werde und allgemeine Anerkennung finde!

www.ingramcontent.com/pod-product-compliance
Lightning Source LLC
Chambersburg PA
CBHW021716230426
43668CB00008B/850